特定非営利活動法人
北九州市の文化財を守る会編

北九州
歴史散歩
［筑前編］

若松・八幡東・八幡西・
戸畑区の50エリア

海鳥社

北九州歴史散歩［筑前編］　目次　# Contents

II

八幡東区

Ⅲ

八幡西区

IV

戸畑区

▰本書について

● 収録写真は注記のあるものを除き、北九州市の文化財を守る会会員の提供によるものです。

● 城の縄張図は注記のあるものを除き、福岡県文化財調査報告書第250集『福岡県の中近世城館跡Ⅱ　筑前地域編2』（福岡県教育委員会、2015年）より転載させていただきました。

● 各区の扉頁に略地図を掲載していますが、現地を歩く際には、より詳細な地図を携行されることをお勧めします。

● 山城跡を探訪する際は、倒木などで足元が悪い所も多いので注意しましょう。また、携帯電話の電波が届かない場所もありますので、複数人での登城をお勧めします。時季は草が少なく蛇の出ない冬場が最適です。

● 海岸を歩く時には、海藻などを踏んでも滑りにくい靴を選びましょう。

北九州市（筑前地区）のあゆみ

原始古代

　北九州市域の筑前地区は、古代においては筑前国遠賀郡に属していました。この「筑前」は当初からのものではなく、筑紫国が筑前と筑後に分かれたものです。

　「筑前国」の初見は『続日本紀』の文武2（698）年条であることから、遅くとも7世紀末頃には筑前・筑後に分かれていたといえます。

　また「遠賀郡」については、『日本書紀』神功皇后紀に「崗 県 主」が見え、8世紀頃の福岡市・井相田C遺跡から「遠賀」と書かれた墨書土器が出土していることから、遅くとも8世紀初頭頃に崗から遠賀に変わっていたと考えられます。

　豊前国と筑前国の境は、江戸時代では八幡東区の大蔵、高見から小倉北区と戸畑区の区境あたりですが、古代ではもう少し西寄りであったと考えられています。

中世

　武家政権が始まる平安時代後期の筑前地区は、平家方に属し、大陸との交易による恩恵を受けていました。紅梅 町 遺跡（八幡西区）などから出土した中国製の高価な青磁・白磁もそれを裏づけています。平家滅亡後の有力者としては、鎌倉幕府から派遣された関東御家人の宇都宮氏、元々の国人であった香月氏などが知られています。宇都宮氏は、惣領家の山鹿氏と庶子家の麻生氏に分かれ、その後の南北朝動乱の中で山鹿氏は衰退し、麻生氏が遠賀郡内を支配することとなります。

　戦国時代も後半になると、九州では大友・島津の2強による抗争が続き、島津氏は大友氏の所領であった北部九州まで侵攻するようになります。大友氏は関白となった秀吉に助けを求め、秀吉は諸大名に島津征伐を命じま

した。出陣命令を受けた毛利輝元は天正14（1586）年10月、軍監・黒田孝高（如水）、吉川元春、小早川隆景とともに九州に上陸し、小倉城（当時は島津方の高橋元種の支城）を攻撃します。この攻撃前の同年8月、孝高は反大友方となっていた花尾城主・麻生家氏らに使者を送り、寝返りの調略を行っています。しかし、すべての領主が寝返ったわけではなく、八幡西区にあった浅川城は毛利氏によって落城しています。

　翌天正15年3月、秀吉は小倉に上陸します。この時降伏した高橋元種とともに麻生家氏は秀吉に謁見し、その旗下に入ることとなりました。秀吉は島津征伐後の同年6月に九州国分令を発し、小早川隆景には筑前、森吉成には豊前企救郡・田川郡を与えました。一方、麻生氏は領地を安堵されることなく小早川隆景の与力として筑後に200町歩をあてがわれ、鎌倉時代からの拠点であった遠賀の地を去ることになります。また、麻生氏の築いた前田地区の城下町は黒崎城築城とともに解体され、住民らは藤田地区へ移転させられました。

近世

　慶長5（1600）年、関ヶ原合戦後に黒田氏は筑前へ転封となり、その後に細川氏が丹後から移ってきましたが、蔵にあるはずの年貢米を黒田氏は筑前に移動させていました。細川氏は年貢米の返済を求めましたが、黒田氏は筑前の前領主も年貢米を持ち去っているので返せないと回答したため、両家の対立は決定的となりました。その後、黒田氏は領内に6つの端城を築いていますが、そのすべてが豊前との境に設置されています。

　この時北九州市内に築かれたのが、若松城と黒崎城です。しかし、慶長20年、大坂夏の陣に勝利した徳川幕府は、各大名に対し居城以外の端城を破棄させる一国一城令を発しました。黒崎城も廃城となり、南麓外郭の堀を埋めて構口が造られ、寛永期（1624〜44）にかけて長

崎街道の宿駅として整備されます。

　宝暦12（1762）年、遠賀川と洞海湾を結ぶ人工河川・堀川運河が完成すると、年貢米や筑豊地区の石炭は、それまでの集積地であった芦屋ではなく若松に直接運ばれるようになり、藩の焚石会所（たきいしかいしょ）などが設置され、若松港近代化の基礎となりました。

<table>
<tr><td>近代
現代</td></tr>
</table>

　明治2（1869）年、政府の鉱山解放令布告とともに筑豊炭田の開発に弾みがつき、明治25年には出炭量が100万トンを突破、やがて全国の出炭量の半分を占めるようになりました。一方、石炭の輸送及び積出港の能力が限界に達していたため、明治23年に洞海湾と周辺の運河の改良を目的とする若松築港会社が設立、翌年には筑豊興業鉄道の若松－直方間が開業し、洞海湾の浚渫（しゅんせつ）と鉄道による大量輸送が始まりました。

　明治21年、市制及び町村制が制定され、旧八幡地区では地形及び民情も近い枝光・尾倉・大蔵の3カ村で合併することになりました。村名は尾倉の「尾」、大蔵の「大」、枝光の「光」をとり「尾大光村」として遠賀郡役所に届けましたが、再検討を申し渡されました。そこで、各村とも八幡神社を祀っていたため「八幡村」に決定し役所に届けたところ、めでたい名前と受理されました。

　明治29年の製鐵所官制を経て製鐵所設置が決まると、全国17地区から設置請願が挙がる中、若松を拠点としていた安川敬一郎の政治的働きもあり、一寒村に過ぎなかった八幡村に決定されます。そして、明治34年11月に操業開始式を迎えますが、当時の八幡村には木賃宿（きちんやど）しかなく、多くの招待客は下関・門司・小倉・若松に宿泊しました。

　その後、洞海湾の開発とともに周辺に次々と工場が立地し、大正年間（1912〜26）には北九州工業地帯として四大工業地帯のひとつにまで発展しました。大戦中、これらの工場は軍需工場に指定され、豊前地区の小倉陸軍造兵（ぞうへい）

官営八幡製鐵所創業年
の「1901」のプレート
を掲げた東田第一高炉

廠を含む北九州地区は、関東、関西に次ぐ国防上の重要
地区として最新の高射砲などが配備されました。反面、ア
メリカ軍の空襲も激しく、昭和20（1945）年8月8日の
八幡大空襲では多くの犠牲者を出す結果となりました。

　戦後復興で特筆すべきは、八幡市長・守田道隆が行った、
ハード面だけでなく、市民の「心の復興」に重きを置き、
教育・文化や福祉を充実させるソフト面での施策です。そ
の結果、昭和26年10月、中央公民館が全国に先駆けて建設
され、「都市型公民館発祥の地」として日本公民館史にそ
の名を留めています。

　また、昭和39年の東京オリンピックでは、組織委員会会
長に安川第五郎（安川敬一郎の五男、安川電機の創始者の
ひとり）、日本選手団の旗手に福井誠（八幡製鐵所社員、
水泳の銀メダリスト）などの人材を輩出しています。

　なお、日本の近代化に寄与した官営八幡製鐵所の旧本事
務所などは平成27（2015）年に「明治日本の産業革命遺
産　製鉄・製鋼、造船、石炭産業」として世界遺産に登録
されています。

I 若松区

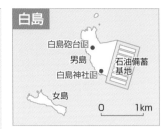

白島

白島砲台15
男島
白島神社15
女島
石油備蓄基地
0   1km

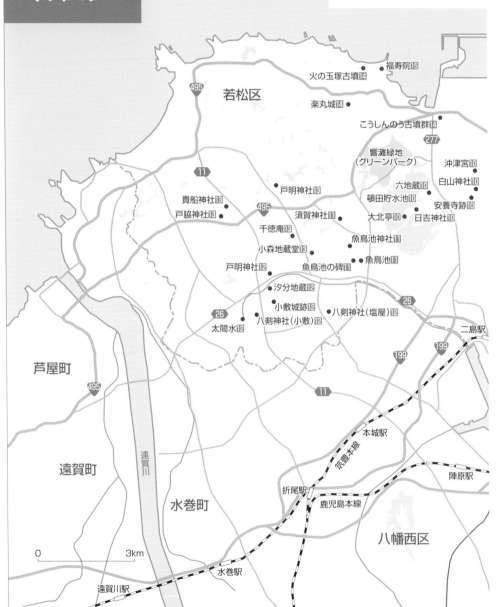

若松区

福寿院15
火の玉塚古墳14
楽丸城14
こうしんのう古墳群14
495
277
響灘緑地
（グリーンパーク）
沖津宮10
白山神社10
六地蔵10
頓田貯水池10
安養寺跡10
戸明神社13
11
貴船神社13
戸脇神社13
495
須賀神社11
大北亭
日吉神社10
千徳庵13
魚鳥池神社11
小森地蔵堂13
戸明神社12
魚鳥池の碑11
魚鳥池11
汐分地蔵12
26
小敷城跡12
八剣神社（塩屋）12
太閤水12
八剣神社（小敷）12
二島駅
199
199
芦屋町
495
本城駅
筑豊本線
陣原駅
遠賀町
遠賀川
水巻町
折尾駅
鹿児島本線
八幡西区
0   3km
水巻駅
遠賀川駅

※史跡名の後の数字は項番号を示す
例：**1** → **1**モダンな建物群が残る若松南海岸通り（p.12）

軍艦防波堤 p.25

若松区

495

小田山古墳群**5**
西村ノブの墓**5**
小石観音寺**5**
十二糎高射砲陣地**6**　石峰神社**6**　菖蒲谷貯水池**5**　安養寺**4**
電波標定機**6**　八糎高射砲陣地**6**　佐藤公園**4**　若松南海岸通り周辺
照空陣地**6**　河童封じの地蔵堂**4**　若松駅
水上観音寺**9**　七糎高射砲陣地**6**　火野葦平文学碑**4**　九州工大駅
花房山城**9**　烽火台の碑**6**　河伯洞**4**　戸畑駅
狩谷姫地蔵**9**　学校横観音**8**　金刀比羅神社**4**
紅影の池**7**　島郷西国　白山神社**8**
徳雲寺**7**　15番札所**8**　199
畑堀　藤ノ木駅　戸畑区
地蔵尊**7**　童子丸一丁目公園**8**
奥洞海駅　洞海湾
松尾芭蕉碑**7**
日吉神社**7**

黒崎駅

若松南海岸通り周辺

495
若松恵比須神社**3**
わかちく史料館**3**
安川敬一郎
邸跡**3**
199　若戸大橋
善念寺**2**　吉祥禅寺**2**
栃木ビル**1**
上野ビル**1**
石炭会館**1**
厳島神社**1**　旧古河鉱業　若松渡場
火野葦平資料館**4**　若松ビル**1**
弁財天上陸場**1**　ごんぞう
小屋**1**
若松駅

0　　300m

栃木ビル

【「若松バンド」について】
近年、若松区の旧南海岸通りを
「若松バンド」とする記述を見か
けるようになりました。しかし、
この辺りには海岸通り、元海岸通
り、南海岸（外）通りの名が残り、
その歴史を物語っています。
「Bund」は上海の外灘（バンド）
をイメージしたのかもしれません
が、形状や発展の歴史が異なりま
す。当然、過去の資料にもバンド
の記述は見当たりません。
少しの思い込みが一人歩きすると、
次世代へ禍根を残すことにもなり
ますので、この際、再検証の必要
があるでしょう。

1 モダンな建物群が残る若松南海岸通り

　若松南海岸通りには、石炭積出港とし
ての繁栄ぶりを物語る建物群が残ってい
ます。若戸渡船若松渡場を起点に歩いて
みましょう。

　若松渡場の東側に、地上3階、地下1
階のモダンな栃木ビルがあります。大正
9（1920）年に建てられ、当時として
は珍しい鉄筋コンクリート造です。造船

と船舶代理業を行う栃木商事の本社とし
て建設され、現在もテナントビルとして
使用されています。西側に正面玄関があ
り、東側の洞海港に面して半地下の事務
室と入口が設けられています。外観は1
階が白の花崗岩を使用し、2・3階は全
体をタイルで構成、現在は見られません
が、3階上部にはライオンの彫刻があり

上野ビル。中央が広い吹き抜けとなっており、天井に
はステンドグラスが配されるなど贅沢な造り

３階建の円塔が印象的な旧古河鉱業若松ビル。
右は塔屋内部の螺旋階段

ました。西側と東側の壁面にはタイルで
菱形の幾何学的な文様が張り付けられて
います。そして、竣工当時から自家用の
浄化槽と水洗設備を完備しており、次の
時代を見据えた先見性が感じられます。

　渡船場前の上野ビルは、大正２年に旧
三菱合資会社若松支店として建設されま
した。煉瓦造３階建で、鉱滓煉瓦を使用
しています。内部中央の広い吹き抜けや、
天井の色鮮やかなステンドグラス、回廊
などが入場者を楽しませてくれます。今
もテナントビルとして使用されています。
倉庫棟外壁には三菱のスリーダイヤマー
クが残されており、往時を偲ばせます。

　海岸通りを西へ歩くと、旧古河鉱業若
松ビルがあります。煉瓦造の２階建で、
大正８年に建設されました。コーナーに
円形の塔が設置され、内部には螺旋階段
が３階まで伸びています。ルネッサンス
様式を基調とした玄関の装飾や壁面の配

色も美しく、華やかな外観を備えていま
す。階段の手すりや窓枠などのデザイン
も細部にわたり計算し尽くされており、
見事に調和しています。１階の大きな耐
火用金庫は当時のままです。平成16
（2004）年に市民と企業の寄付金でリニ
ューアルされました。１階のホールでは
コンサートが開催されるなど、市民の交
流の場として利用されています。

　さらに西へ進むと石炭会館があります。

石炭会館。若松南海岸通りに現存する洋風建築の中で最も古い。階段には鮮やかな赤絨毯が敷かれている

（左から）厳島神社／ごんぞう小屋／弁財天上陸場。石炭の積み出しを行う港湾労働者たちが、ここで船を乗り降りしていた

若松南海岸通りに現存する洋風建築では最も古く、若松石炭商同業組合の事務所として明治38（1905）年に建設されました。当時の組長は安川敬一郎でした。木造2階建ですが、外装はモルタル塗り、壁面に目地を多用して石造風にしています。当時は石炭関係者の迎賓館や社交場、公会堂として利用されました。階段には赤絨毯（あかじゅうたん）が敷かれ、手すりの造りなどが当時の隆盛を物語っています。現在もテナントビルとして使用されています。

三差路の角に、明治40年再建の厳島神社があります。貞享2（1685）年、洞の海の守護神として宗像大社辺津宮（宗像市）の市杵島姫命（いちきしまひめのみこと）の分霊を祀ったのが起源とされます。交通の神で、神仏習合により七福神の中の弁財天と同一視され、水の守り神として祀られています。

道路を隔てた岸壁には、「ごんぞう小屋」があります。かつて若松は日本一の石炭積出基地として隆盛を極め、その石炭荷役は「ごんぞう」「沖仲仕」（おきなかし）と呼ばれていました。この小屋は、彼らの詰所を模したものです。また、小屋の横には沖仲仕を運ぶ伝馬船の船着き場の1つであった弁財天上陸場が、復元整備されています。

左上：吉祥禅寺山門／左下：吉祥禅寺の恵比須祠
（左）と善念寺の三宅若狭家義墓
右上：善念寺。享保4年寄進の地蔵尊が鎮座する

２ 若松の由来と黒田家ゆかりの寺

　若松の地名については次のような伝説があります。神功皇后が洞の海に霊石を見つけ、これを神体として祀り、神社の海辺に小松を植えた。この時、お供をしていた武内宿禰が、「海原の滄溟たる、松の青々たる、我が心も若し」（松が一面にみずみずしい緑色をしていて、その向こうに青々とした海が広がっているのを見ていると、私の心も若やいでまいります）と言ったことから、「若松」となった。このことを記した石碑が高塔山公園にあります。

　若戸大橋の若松橋台から南、唐津街道（福岡道）に面した本町の吉祥禅寺は、黒田長政の家臣・梶原景次の創立で、開山は黄山浦雲といわれています。境内には、小次郎という漁師が海底より取り上げた石を恵比須の神として祀ったという祠もあります。また、本堂前のしだれ梅

が咲くと、多くの人が撮影に訪れています。境内の地蔵堂は、島郷四国49番札所になっています。

　街道沿いに商店街方面へ進むと、黒田長政が河畔島（通称「中ノ島」）に築いた若松城の城代で黒田二十四騎のひとり三宅若狭家義の墓がある善念寺に出ます。墓は、もともと旧若松市役所北側の地に祀られていましたが、旧若松文化体育館建設のため、昭和37年に菩提寺である善念寺に移されました。善念寺は、浄土宗第3祖・良忠が四十八願になぞらえて四十八カ寺建立の誓願を立て、嘉禎3（1237）年この地を仏縁の地として念仏草庵を結んだことに由来します。境内の一際大きな地蔵尊は、享保4（1719）年、石井正五郎重勝によって寄進されたものです。

③ 八幡製鐵所の歴史はここから始まった

八幡製鐵所誘致の立役者である安川敬一郎は、嘉永2（1849）年、福岡藩士・徳永省易の四男として福岡城西の鳥飼村で生まれました。16歳で藩士・安川家の婿養子となり、家督を相続。明治2（1869）年から京都、静岡、東京などへ国内留学で勉学中、不運にも徳永織人、幾島徳の2人の兄を失い、残された家族のためにも兄・松本潜と協力して炭坑経営を手がけることになりました。潜は相田炭鉱（飯塚市）に、敬一郎は東谷炭鉱（鞍手町）に力を注ぎます。明治10年、石炭直接販売のため、芦屋に安川商店を開業します。

その後、明治19年に本店を若松に移し、二男・松本健次郎とともに炭坑事業の拡大を図りました。その間、筑豊興業鉄道敷設、若松築港会社の運営にも関わり、石炭産業の隆盛に尽力します。

一方、日清戦争を機に、国家事業としての製鐵所設立の気運が高まり、明治29年3月、「製鐵所官制」を経て製鐵所設置が決まります。これを受け、若松の安川宅（現在の若戸大橋若松側橋台の地、若松区浜町一丁目3番）に敬一郎、平岡浩太郎、長谷川芳之助、芳賀種義親子が集まり、誘致運動を開始、用地の確保、洞海湾の浚渫を計画するとともに金子堅太郎、岩崎弥之助、渋沢栄一など政財界へ積極的に働きかけました。その結果、明治30年、現在の八幡の地に決定したのです。

その後、敬一郎は明治42年に明治専門学校を創立し、戸畑に転居するまでの間、この地で製鐵所建設のための湾内の整備を始め、若松石炭商同業組合の組長、筑豊石炭坑業組合総長を努めるとともに若松町の上水道敷設にも尽力しました。製鐵所の誘致、そして北九州工業発展の礎の地がここ若松だったのです。

若戸大橋のすぐ近くに若松恵比須神社があります。仲哀天皇と神功皇后が熊襲征伐のため洞の海から岡津へ船で移動する時、岡県主・熊鰐の奏上を受け、天皇は外海を、皇后は波静かな内海の洞の海を進みました。この時、急に皇后の船が動かなくなったので武内宿禰が海底を調べさせたところ、光り輝く玉石が見つかり、皇后の旅を守る霊石であるとして祀ったのが始まりと伝えられています。神社もその周囲も時とともに移り変わってきましたが、中に残された灯籠、力石、方位石、鳥居に刻まれた年号や名前から

安川敬一郎邸跡

左上：若松恵比須神社の方位石。東西南北と十二支が刻まれており、江戸時代後期のものと推定される。伊能忠敬が測量事業の成功を祈願して奉納したともいわれている／左下：子を背負った狛犬／右上：若松恵比須神社／右下：大正以前の若松恵比須神社（絵葉書、個人蔵）

往時を偲ぶことができます。特に、子供の狛犬は珍しく一見の価値がありますし、外側の玉垣には明治30年の大改修時の寄付者として、安川敬一郎をはじめ仙石貢、芳賀種義など製鐵所誘致関係者や、筑豊の炭鉱王など各界で活躍した多くの人の名が刻まれています。春・冬の大祭は「おえべっさん」として親しまれ、毎年多くの参拝者で賑わいます。

　恵比須神社から東側の海岸に出ると、若築建設の「わかちく史料館」があります。古くから貢米や焚石の積出港であった洞の海は、明治の近代化とともに遠賀川流域からの石炭の集散が本格化し、特に鉄道輸送の計画が本格化すると、船舶の大型化に伴う湾内の浚渫や貯炭施設用地の確保が必要となりました。筑豊石炭抗業組合の総長であった石野寛平は、明治23年に若松築港会社を設立して港の構築を進め、明治37年に若松港は特別輸出入港に指定されました。港の発展を支えた若松築港会社は、現在も若築建設として存続しています。その史料館では、創立からの会社の歩み、洞海湾や若松の移り変わりに関する写真や地図などの貴重な資料を見学することができます。

わかちく史料館

④ 火野葦平と河童伝説

　若松出身の火野葦平は、昭和12（1937）年、出征中に「糞尿譚」で第6回芥川賞を受賞、その後軍報道部時代に書いた兵隊三部作（「麦と兵隊」「土と兵隊」「花と兵隊」）により一躍人気作家となりますが、戦後は戦犯作家として昭和23年から25年まで公職追放を受けます。その後、若松「河伯洞」と東京「鈍魚庵」を拠点に「花と龍」を執筆し、再び流行作家として脚光を浴びましたが、昭和35年1月24日、河伯洞2階の書斎で死去しました。なお、死因が自殺であったことが、13回忌の際遺族より公表されています。

　若松市民会館内の火野葦平資料館は、昭和60年7月に開館し、復元した書斎のほか、原稿、書簡、日記、従軍手帳などの遺品が多数展示されています。

　また、白山一丁目にある葦平の旧居宅「河伯洞」は、河童の棲む家という意味で、葦平が河童をこよなく愛したことから名づけられたものです。和風の母屋は、葦平の出征中に父・金五郎が兵隊三部作の印税で建てたと伝えられ、唐木など贅沢な木材がふんだんに使われています。戦後、この母屋に棟続きの木造モルタル塗りを増築、その2階が葦平の書斎で、机の上に「足は地に　心には歌と翼をペンには色と肉を」と書かれた色紙が置かれています。

　高塔山頂上には河童封じの地蔵堂があり、その中に背中に釘の刺さった虚空蔵菩薩が祀られています。この地蔵は、葦平の小説「石と釘」により有名になりました。「石と釘」は古くから伝わる次のようなカッパ伝説をもとに小説化したものです。昔、島郷と修多羅のカッパが、夜に葦の葉を太刀として空中戦を行い、朝になるとその死体が溶けて悪臭を放ち村人たちを困らせていた。この話を聞いた山伏が、地蔵の前でカッパ封じの祈禱を始めた。カッパの妨害を受けながらも祈禱は続けられ、何千日後の陽が沈む頃、

左：火野葦平旧居「河伯洞」。
市の史跡に指定されている
右：火野葦平資料館内に復元された葦平の書斎

（左から）河童封じの地蔵堂／佐藤公園の佐藤慶太郎胸像／安養寺の三禁の碑

地蔵の背中が柔らかくなった。すかさず山伏が地蔵の背中に１尺（約30cm）の大釘を打ち込むと、カッパは木の葉のように舞い落ち、永遠に地中に封じ込められた。

眼下に葦平文学の舞台となった市街地や洞海湾を見下ろす高塔山の中腹に、火野葦平文学碑が建っています。碑文は四行詩「泥によごれし背嚢に　さす一輪の菊の香や　異国の道をゆく兵の　眼にしむ空の青の色」の前二句で、碑の下には「革命前後」の原稿用紙、万年筆、へその緒などゆかりの品が埋められています。

高塔山の登り口にある佐藤公園は、若松で石炭商として成功した佐藤慶太郎の邸宅があったところです。慶太郎が当時の若松市役所に寄付したため、その名が公園名になっています。慶太郎は大正10（1921）年、上野公園に東京府美術館（現在の東京都美術館）の建設資金として当時の額で100万円を寄付しており、東京都美術館講堂前にその胸像があります。なお、同じ胸像が平成21年に佐藤公園にも建立されました。

公園から南側に、高塔山の城主で修多羅の領主と伝えられる大庭隠岐守景種が創建し、行明大和尚が開基した安養寺があります。もとは、白山一丁目にありましたが、若戸大橋建設に伴い昭和37年にこの地に移転しました。境内には、黒田家当主・黒田長成の書による「大庭隠岐守景種」の碑（碑に「種景」とあるのは誤り）、葦平直筆の書と言葉を刻んだ三禁の碑があります。碑には、「言葉さかんなればわざわひ多く　眼鋭くして盲目に似たり　敏き耳聾者に及ばんや　不如不語不見不聞」と彫られています。葦平が眠る玉井家の墓も、この寺にあります。

修多羅二丁目の石段を登ると、宝暦2（1752）年創建の金刀比羅神社があります。葦平の小説「花と龍」に出てくる桜の名所で、石段には吉田磯吉、玉井金五郎の名を刻んだ寄進の碑があります。また、山頂の境内に紀元2600年記念の大灯籠が建っており、玉井金五郎・勝則・政雄の名が刻まれています。

金刀比羅神社

左：小田山古墳群2号墳／右：小田山霊園内にある西村ノブの墓

5 「どてら婆さん」の墓と小石観音寺

　若松駅の北西にある標高68mの小田山東側斜面に、昭和46（1971）年4月に市の史跡に指定された小田山古墳群があります。6世紀後半から7世前半頃までの横穴式石室古墳群で、大正年間の霊園工事の際に発見されました。大小約50基あったとされていますが、周辺の住宅化で姿を消し、現在13基が古墳公園の中に残されています。古墳の内部構造は、玄室と羨道からなり、これまで須恵器、土師器、碧玉製管玉、金環（金メッキの耳飾り）、ガラス玉などが出土しています。

　古墳公園から南側丘陵にある小田山霊園内に、火野葦平の小説「花と龍」「女侠一代」に登場する「どてら婆さん」（島村ギン）のモデルとなった西村ノブの墓があります。西村ノブは、山口県出身で明治44（1911）年に死去、享年50歳でした。ノブは、明治24年に若松に来て、若松－直方間に鉄道を敷く筑豊興業鉄道（現在のJR筑豊本線）の鉄道敷設工事の折、石炭を船で運ぶ川ひらた側が

工事を妨害しようとしたところ、男まさりの度胸で川ひらた側と調整を図って鉄道開通に貢献し、女傑と呼ばれました。「女侠一代」は映画化され、清川虹子が主人公・島村ギンを演じています。「どてら婆さん」とは、夏冬通してうすいどてらを着ていたためです。明治30年には若松恵比須神社の社殿改築時に寄付をしており、社殿の東側にある奉名玉垣の壱拾五円のところにノブの名前があります。探してみてはいかがでしょうか。

　小石観音寺は市営バス小石観音寺バス停前にあり、島郷四国35番と島郷西国33番の札所でもあります。その発祥は古く、縁起によると寿永4（1185）年、壇ノ浦の戦いで敗れた平家の武将が、この地に逃れてきて観音像を響灘に面する高台に安置し堂を建立、聖徳庵と称して平家一門の追福を祈願したのが始まりといいます。このため島郷四国・島郷西国では聖徳寺となっています。小石観音寺は響灘を航海する船人たちの信仰を集め、後

小石観音寺。境内の古木の下に10基の
五輪の塔がひっそりと置かれている

に彼らが響灘を背にする現在地に移した
と伝えられています。

　また、安産の観音様としても広く知ら
れています。昔、ある女性が響灘を航行
中の船中で難産に苦しんでいた時、本尊
の聖観音が脇仏・子安観音の姿を借りて
現れ、無事安産に導きました。この女性
が出産の御礼詣りに奉納した新しいさら
しを、寺が信仰厚き他の妊婦に授与した
のが安産信仰の始まりとされています。
多くの人たちが、安産、子安に霊験ある
観音様として、祈願や安産のさらしを求
めて訪れるようになりました。

　しかし残念なことに、昭和59年4月に
突然の火災により本堂及び子安会館全焼
という大難に見舞われました。新本堂は
平成17（2005）年に落慶し、左右に不
動堂と三仏堂も立派に再建されました。
令和元（2019）年2月から参拝者を迎
える本坊の再建に着手しています。「頼
まれ観音」「子安観音」として多くの参
拝者が訪れるお寺です。

　また、寺務所横の階段を上ると、左側
に五輪の塔が10基あります。時代は定か
ではありませんが、村人たちが持ち寄っ
たのではないかいわれています。ひっそ
りと古木の下に置かれています。

　小石地区南東の谷奥に、旧若松市の水
源地・菖蒲谷貯水池があります。旧若松
市は、水源確保のため八幡製鐵所の鬼ヶ
原貯水池（八幡東区天神町）から分水の
承認を得て、牧山（戸畑区）に浄水場を
建設します。そして明治45年に洞海湾を
横断する海底送水管を布設して給水を開
始しました。しかし需要は予想以上に多
く、大正14（1925）年、菖蒲谷に21万
㎥の貯水池を新設して1日1400㎥の給
水を開始しました。現在は工業用水とし
て利用されています。堰堤下の取水口入
口は鉱滓煉瓦で築かれており、入口上部
には旧若松市の市章が埋め込まれていま
す。平成21年2月には経済産業省から近
代化産業遺産の認定を受けています。

菖蒲谷貯水池の取水口入口

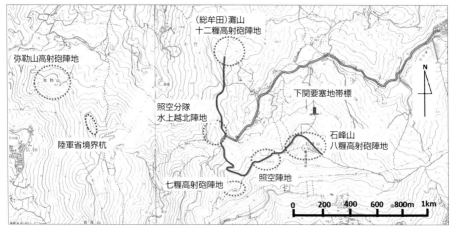

石峰山系の防空陣地図

⑥ 石峰山の戦争遺跡を巡る

前項の菖蒲谷貯水池横の谷道を西へ進み、惣牟田公民館手前の道を登ると、左手に石峰神社の参道入口があります。その境内入口に、明治32（1899）年に設置された下関要塞地帯標が建っています。

もとの道路に戻ってさらに登ると峠があり、左手に石峰山山頂への登山道がありますのでその道を登ります。山頂から西へつながる尾根の3カ所に高射砲陣地などが築かれており、登山道は当時の軍用道路です。

最初の尾根一帯が七糎（センチ）高射砲陣地跡で、標高280mの尾根を削平し東西幅約160mにわたって砲座などが築かれています。砲は北側から西側にかけて弧状に6門設置され、うち5門の砲側庫が確認できます。第5砲座は、直径8mの円形土塁が巡っており、幅3.3mの八角形コンクリート土台上に直径1.1mの円形コンクリート砲座を載せ、七糎高射砲を据えていました。据付のボルト穴が12カ所残っています。南側にコンクリート造の砲側庫、西側に砲側庫状の掘り込みがあり、北西側に隣接して直径約5mの円形窪地がありますが用途は不明です。第6砲座は、北側にコンクリート造の砲側庫、南と西側に砲側庫状の掘り込みが2カ所、そして北東側に隣接して直径約4mの変形の窪地があります。第5・第6砲座の中心距離は約17mで、第1砲座を除き他の砲座間隔も同様と考えられます。

広場の南側の一段下がった平坦地に若松市教育支会が立てた烽火台の碑があります。文化5（1808）年、長崎奉行がロシア船の接近時の急報の手段として烽火の準備を黒田・鍋島の両藩主に命じました。福岡藩では、佐賀藩からの烽火を御笠郡（みかさ）の天山で受け、四王寺山（しおうじ）から龍王

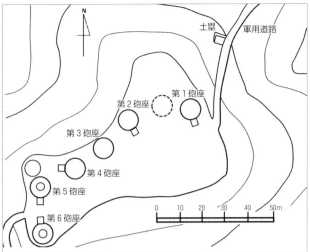

七粳高射砲陣地の砲側庫
（上）と砲座

上：七粳高射砲陣地図
下：烽火台の碑
右：照空陣地図

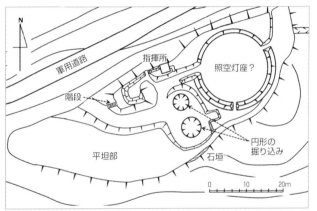

岳・六ヶ岳、そして石峰山の順につなぎ、小倉藩の霧ヶ岳へ伝える計画を立てました。翌文化6年1月、実験に成功したため6カ所に烽火台設置を開始し、10月に完成しました。しかし、この烽火は結局利用されることなく、文化13年5月に廃止されました。

次に軍用道路を尾根伝いに行くと、左右に円形の窪みが数カ所現れます。窪みから数m行くと、左側に標高275mの尾根が現れます。道が消えているためブッシュの中を進むと、東西幅約240mにわたって築かれた照空陣地があります。陣地中枢の電波標定機を設置したと思われる直径約20mの円形土塁が残っており、市内の残存陣地では例を見ない巨大さです。また、土塁の胸墻（きょうしょう）も2mを超える高さです。

円形土塁から西側への通路を出て、北側に一段登った所に指揮所と思われるコンクリート構造物があります。指揮所は、幅2.5m、奥行2.3m、厚さ20cmのコンク

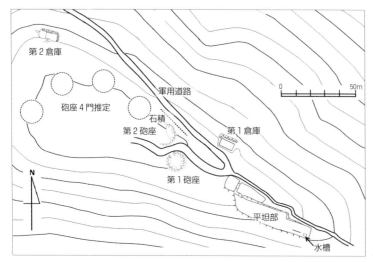

八糎高射砲陣地地図

リート構造で、天井部を覆う構造物があったと思われます。指揮所から南側の二段下には直径４ｍと５ｍの円形窪地が南北方向に並んでいますが、用途は不明です。

　軍用道路に戻り、標高302ｍの石峰山山頂に着くと、南北約50ｍ、東西約100ｍにわたって平坦に造成された八糎高射砲陣地が現れます。戦後の通信塔設置などで現在は２門の砲座と石垣が残るのみです。第１砲座は、入口部を除いて直径

電波標定機タチ３号の基礎

10.8ｍの円型土塁が巡っています。内部のコンクリート製砲側庫は破壊され、土塁の窪みにその痕跡が残っています。砲の据付基礎を見ることができないほど破壊されたコンクリートと土砂が堆積していますが、現状での底面直径は7.2ｍです。第２砲座は、第１砲座土塁裾部から5.6ｍ離れて設置されていますが、その後の造成で半分以上埋められています。各砲間の中心距離は約18ｍです。他の砲座は、米軍撮影の航空写真から弧状に４門配置され、全部で６門あったことがわかります。山頂から一段下がった周囲に、土塁を伴う建物基礎が２カ所残っており、弾薬庫跡と思われます。さらに、山頂から東へ下った尾根も整地されており、水槽が残っていることから兵舎があったものと思われます。

　この石峰山の北側、もと来た峠を挟んで反対側の尾根には電波標定機タチ３号を設置していたコンクリートの基礎が２カ所あります。また、峠から元に少し下

Column

防波堤になった軍艦

　洞海湾入口付近、響灘臨海工業団地の一角、響町一丁目の海岸に軍艦防波堤があります。太平洋戦争終結後、旧日本海軍の艦艇の多くは戦時賠償として連合軍に引き渡され、何隻かの艦艇は防波堤として再利用されました。若松港の場合、昭和23（1948）年に当時の運輸省第4港湾局により構築された長さ770mの防波堤のうち、約400mが駆逐艦「柳」「涼月」「冬月」の3隻を沈設したものです。「涼月」と「冬月」は、太平洋戦争末期、「戦艦大和」を軸とした艦隊に編入され出撃し、激しい戦火の中奇跡の生還を果たしました。今は完全に埋設され、その姿を見ることはできません。現在、

軍艦の姿が確認できるのは、大正6（1917）年に竣工し、第1次世界大戦で活躍した初代「柳」です。

　なお、高塔山には、この3隻の忠霊碑が元海軍関係者によって建立されています。

った左側に北へ延びる軍用道路がありますが、その先の尾根には十二糎高射砲陣地があります。測定室・通信室・指揮所などからなる中央部のコンクリート構造物は完全に破壊されていますが、その周りに円形状に6門の砲座が残っています。砲座は直径5mの円形コンクリート造で、コンクリート厚は38cmです。また、一部の砲座には、コンクリート砲座上部を巡っていた円形土塁の横墻（おうしょう）も残っています。6門すべての砲座が残存している十二糎高射砲陣地の遺構は日本で唯一といわれています。

　防空陣地設置に関わる機密文書は戦後に焼却されているため詳細は不明ですが、太平洋戦争開戦時の昭和16（1941）年12月に、まず七糎高射砲陣地を惣牟田からの軍用道路整備と併せ配置し、昭和19年6月の最初の八幡空襲後に軍用道路を石峰山山頂まで延伸して八糎高射砲陣地を配置、その後、中間の尾根に電波標定機及び照空灯からなる照空陣地を配置したと思われます。そして、終戦間際の昭和20年6月頃に1万m以上の高高度を飛行するB-29を直接砲撃できる三式十二糎高射砲を電波標定機（タチ3号）とともに整備したと考えらます。

十二糎高射砲陣地の砲座

左：松尾芭蕉の顕彰碑
右：日吉神社

７ 大宰府観世音寺所領の二島庄と守り神

　市営バスで二島（ふたじま）の日吉神社下バス停で下車すると、払川（はらいがわ）の篤行者（とっこうしゃ）・千々和由太（ちぢわゆうた）が安政3（1856）年に建立した松尾芭蕉の顕彰碑があります。その横に、大正9（1920）年10月建立と刻まれた大きな鳥居が建っており、参道を登っていくと日吉神社本殿が見えてきます。

　若松区の東部は、もと大宰府観世音寺の所領で、その鎮守である日吉山王権現の神事には、この地から供料などを納めていたといわれています。このことから、山王権現をこの地に勧請したのが始まりと考えられます。また、初めは、現在の社から西北、日吉尾（ひえのお）という所にあったといわれています。その後、麻生氏がこの地を所領としていた時、社領として田3町3反を寄付したため隆盛を極めていました。この時の社領が正月田、三月田、五月田、霜月田などの地名として残って

いたとされています。しかし、豊臣秀吉の九州平定の際、社領はすべて没収され、一時衰退しました。その後、黒田長政が筑前国に入国したのを機会に再興され、島郷三大社のひとつとして24カ村の祈願所となり隆盛しましたが、明治維新後は二島村だけの氏神となりました。

　境内の西側には、猿田彦大神、式日燈、塩土老翁神（しおつちおじのかみ）などの石塔が1カ所に祀られています。おそらく、村々の道沿いにあったのを事情があって、村人が日吉神社に持ってきたのでしょう。なお、塩土老翁神は製塩に関わる神です。大宰府観世音寺領の産物は塩で、この地はその焼山、すなわち薪を採る場所であったことと、古代から江戸期にかけて洞海湾で製塩が盛んであったことを裏付けています。また、近年の発掘調査で神社周辺から多くの製塩土器が発掘されています。

左：紅影の池（写真右の御影石で井戸のように囲まれた部分）。安産祈願や病気治癒のご利益があったという／右：徳雲寺の梵鐘。市の有形文化財に指定されている

　また、両児嶋明神の鳥居と石祠が、洞海湾の西側にあった２つの小島（二児島、南二島二丁目26及び28番付近）から境内に移築されています。この島には鳥居があり、満潮の姿は、さながら安芸の鳥居のようでした。昭和12（1937）年頃より埋立工事が始まり、現在は姿を消しています。

　さらに、明治25（1892）年３月と銘のある天満宮の鳥居もあります。その昔、佐古の雑木林（現在、原田川中流の民家と畑の境にある林）の丘の上に小祠があり天神様と呼んでいました。荒廃はなはだしく、里人は日吉神社に合祀し、鳥居も移しました。西の天神様と呼ばれ、現在の西天神の地名の謂れとなっています。ちなみに、東の天神様は、高塔山山麓の白山神社に合祀されており、莚屋天神と呼ばれています。

　紅影の池は、日吉神社裏手のすぐ近くの道路沿いにあります。日吉神社の宮司によると、もともとは木の横から湧き出す清水だったそうです。神功皇后が洞の海に入り、二児島に立ち寄って休憩をとった折にこの池に案内したところ、手を洗おうとした皇后の頬紅まで水面に映っ

たため、後に紅影の池と呼ぶようになったといわれています。以前、日吉神社の神饌は、必ずこの清水で炊かれたそうです。

　日吉神社の北西側に位置するのが徳雲寺で、創建は慶長９（1604）年とされています。本尊の阿弥陀如来立像は、昔この村に恵眼寺という寺がありましたが、廃寺となった折この寺に移されたといわれています。

　寺の梵鐘は、永享２（1430）年に麻生家見（麻生氏第11代）が、鋳工・道仙に造らせ、二島庄・聯芳山総善禅寺に寄進したものです。総善禅寺は修多羅にあった寺で、相伝寺の地名が残っています。鐘はその後、宝永２（1705）年に日吉神社に移り、明治の神仏分離でこの寺に移されたといわれています。鋳工・道仙の経歴が不明のため、どこで鋳造されたのかは明確ではありませんが、竜頭の作風などから小倉鋳物師の技法と特徴が似ているため、小倉かその系統で造られたと考えられています。

　残念ながら、現在は荒れ寺となり、表門からは入れなくなっています。

畑堀地蔵尊。岩質は違うが、
六面地蔵は門司区に１基、
小倉北区に２基しかなく、
市内では非常に珍しいもの

島郷四国15番札所。板碑は市内でも最古級のもの

⑧ 唐津街道沿いに息づく信仰

　福岡ひびき信用金庫 東 二島支店の北
側道沿いの四つ角に畑堀地蔵尊の御堂が
建っています。中には石灰岩質の六角の
石の６面に地蔵が浮き彫りされた畑堀六
地蔵尊と笠石が大切に祀られています。
お堂の奥に鎮座しているため全体像は不
明です。本城・折尾地区には石灰岩製の
板碑及び一石五輪塔が多いことから、そ
の歴史は中世まで遡るものと思われます。
　市営バス今光峠バス停から山側へ少し
登ると、今光峠観音を祀る島郷四国15番
札所があります。境内には一石五輪塔が
２基と板碑があり、五輪塔のうち１基は

平面が楕円形で、今のところ市内では折
尾地区に類例が１基あるのみです。板碑
は、上部に梵字、下部に２体の地蔵尊、
そして磨耗が著しく判読が困難ですが、
左右に「長禄四年□□□三月日」「□□
□信」と刻まれています。長禄４年は室
町時代の1460年で、市内でも最古級の
板碑です。なお、福岡藩士・青柳種信が
文化５（1808）年に書いた『筑前国風
土記拾遺』の中に「藤木村庄屋の西隣観
音堂今光松下に石仏、銘に長禄四年庚辰
年の字有」と、この板碑のことが記載さ
れています。また、境内入口には御堂の

左上：中野金次郎の顕彰碑／左下：童子丸１丁目
公園内の白山神社古宮／右：白山神社

場所を示す石造の道標が建っています。

　お堂の西側には大正 7（1918）年 3月建立の中野金次郎の顕彰碑が建ち、「島郷四国八十八ヶ所修繕費 一金五百円」と刻まれています。中野金次郎は明治15（1882）年生まれ。国際通運を設立して日本通運発足まで社長を務め、「運送王」と称されました。興亜火災海上保険や中野汽船の社長、門司商工会議所会頭、日本商工会議所副会頭を歴任し、藤木小学校にピアノ、白山神社には鳥居などを寄進しています。昭和32（1957）年に75歳で逝去しました。

　街道沿いを若松駅方面に歩くと、藤木小学校横に島郷四国霊場学校横観音の御堂があり、境内に宝篋印塔の笠と基礎と思われる石などが祀られています。

　赤島町14番に鎮座する白山神社は、若松一高い石峰山を背にして洞海湾を前に、遠く東西を見渡せる風景佳き所で、岬の山から童子丸まで東西約3.3kmにわたる藤ノ木村の産土神です。由緒によると霊亀 2（716）年、加賀国石川郡から白山女体権現を藤ノ木村の西、神元の地に勧請し、その後寛永 5（1628）年に松崎山の現在地へ遷したといいいます。神殿は正徳 3（1713）年に改築されたものといわれています。境内には、宝永 3（1706）年に藤ノ木村の産子が寄進した神門（鳥居）、天保 3（1832）年寄進の石灯籠、そして中野金次郎奉納の鳥居があります。

　なお、旧地の神元は、童子丸バス停から山側へ登った童子丸一丁目公園に残っており、大木の横に石祠が祀られています。以前は社の下に水田池があって涸れることなく御手洗池と呼ばれていたが、今は消滅したということです。

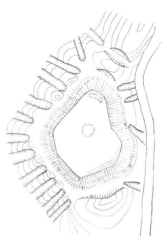

左：花房山城があった岩尾山／右：花房山城縄張図
（前薗作成）。西側に畝状空堀群が築かれていた

⑨ 花房山城の落城伝説

花房山城は、畠田と二島の境にある岩尾山の北側に位置する中世の山城です。近年の調査によると、主郭は東西30m、南北40mの単郭構造で、南北の尾根を堀切で区切り、構築に伴う土砂で土塁を築いています。また、両堀切から西側斜面に約10本の竪堀と横堀を構築した畝状空堀群がこの城の特徴となっています。

『筑前国続風土記』には「在城主しれず」、『筑前国続風土記拾遺』では「或説

花房山城北側の堀切

に麻生遠江守仲中の出城と推定され、又山鹿麻生11代麻生上総介家見の城」と記されています。また『若松市史』には「空堀有りて之を掘れば焼米出づと言う、猶この空堀の近くよりは住々錆刀、その他の武具発掘せられた事有」とあります。主郭からは、若松の西部から芦屋、八幡まで見渡すことができ、築城には好都合な所であったことがわかります。

畠田の岩尾山山麓には日切地蔵、小坂地蔵、狩谷姫地蔵の3つの地蔵が手厚く祀られています。この地域を支配していた麻生氏は、時の流れとともに枝分れし、周囲の強力な武将の勢力下に組み込まれていきます。伝承によると、花房山城の城主であった麻生家見が応永年間（1394〜1428）に大内義弘に背き、義弘の命を受けた香月備前守盛経に攻められて一族はわずかな家臣を伴い岡城（岡垣

狩谷姫地蔵を祀る地蔵堂。周囲には
五輪の塔などが残る

町）に落ち延びます。姫も数名の家来と
侍女とともに山道を下り、狩谷の里まで
逃げてきました。家来は里人に姫を匿っ
てくれるよう頼み、納屋にあった半切桶
（はんぎりおけ）を姫にかぶせ追手を欺こうとしましたが、
追手のひとりが半切桶の脇から姫の緋縮
緬（ひちりめん）の裾がほんの少しのぞいているのを見
つけたのです。そして姫は追手の刃に倒
れました。この様子を知った家来と侍女
らも下の小川の淵で自刃したといいます。
その後、彼女たちの死を悼んで地蔵が建
てられ、今も地域の人々によって手厚く
供養されています。ここでは、緋縮緬を
連想させる赤い草花は今も作らないそう
です。　国道199号線東二島二丁目から石
峰山への谷筋を登ると、深い樹々に囲ま
れ、清らかな滝水の流れる静寂の中に水

上観音寺があります。寺伝によると、江
戸初期に馬頭観音菩薩を本尊としたお堂
が地元の人たちによって建立されたとい
うことです。境内八十八カ所にある石仏
の中には、玉井金五郎贈銘のある普賢菩
薩や、金五郎の長男（火野葦平）の友人
で小説「山芋」のモデルになった松本唯
助造立のコンクリート製不動明王などが
あります。現在では真言宗寺院として再
興され、島郷新四国霊場の38番札所とし
て多くの崇敬を集めています。

水上観音寺。右は玉井金五郎奉納の普賢菩薩

頓田貯水池

10 巨大なため池・頓田貯水池周辺を歩く

　頓田貯水池は、響灘と洞海湾、江川との間の丘陵地にあります。通常、ダムは河川を堰き止めるものですが、頓田貯水池には流入河川はありません。丘陵地南西側の開口部に堤を作り、遠賀川からポンプで汲み上げた水を貯める極めてユニークで巨大な「ため池」なのです。

　着手は戦前の昭和14（1939）年10月でしたが、戦時中の物資不足もあり、第1貯水池の完成は昭和27年3月です。次いで第2貯水池は同年10月着工、昭和36年12月に完成。さらに嵩上げ工事が昭和44年3月完成と、約30年の歳月を要し、

915万m³の水を貯めることができる貯水池が完成しました。この間、炭鉱坑道による沈下、第1次38戸、第2次10戸の住民移転、田畑山林の水没、戦時の工事中断と様々な困難を乗り越えました。その歴史は人々が水を求めて闘った確かな証といえるでしょう。貯水池を中心に北九州市最大の公園である響灘緑地（グリーンパーク）が整備され、湖の周りでサイクリングやランニングを楽しむ人々、バラ園や大芝生広場、ひびき動物ワールドといった施設でくつろぐ家族などの姿が見られ、市民の憩いの場となっています。

左：大北亭／右：頓田貯水池の畔にある呉昌碩像。呉昌碩は
清朝末期の文人で詩・書・画などに精通していた

左：第1貯水池と第2
貯水池の間にある日吉
神社
右：頓田貯水池東側の
丘陵に立つ六地蔵

　この貯水池の一角に、大北亭があります。昭和58年、中国大連市と北九州市との友好都市締結3周年を記念して建設されました。大連老虎灘の丘の上にある東屋（あずまや）と同じもので、黄金色に輝く瓦は大連市長から贈られたものです。

　第1貯水池と第2貯水池の間に日吉神社があります。祭神は大山咋神（おおやまくいのかみ）で、右手に蛭子社（えびす）、左手には貴船社と天満社が祀られています。毎年1月11日に鈴開き、7月の海の日に祇園祭が行われ、祇園祭では幟を立て、笛太鼓のお囃子に合わせて御神輿を貯水池湖畔の御旅所まで担ぎます。9月上旬には風止祭、9月下旬には宮座が行われ、注連縄（しめなわ）作りが行われます。10月9日には収穫を祝うおくんち（宮日）祭が行われ、幟を立て、紅白の餅を搗きます。10月下旬にはお日待、12月には恵比須座、最後に鈴納があります。祭事は、二島（ふたじま）の日吉神社の宮司が司ります。貯水池設置に伴う移転により、氏子は第1貯水池南西の頓田地区と、第2貯水池の内平地区などに分かれましたが、昭和5年生まれの長老のお話では、神社の位置は子供の頃から変わっていないとのことです。地域の景観が変わった今日も、池は四季の変化を水面に映し、地区の約50世帯の方々は歴史を紡いでいます。

　県道277号線（頓田二島線）を北上し、大北亭方面に左折してすぐの駐車場の右側の上り道を進むと六地蔵がありますが、いつのものかはわかりません。右隣には

前頁の六地蔵の近くにある
2基の石祠。天保7年、文
化15年の銘がある

（左から）白山神社の下宮、上宮、
境内に聳えるムクロジの大木

首の取れた地蔵が1体あり、台座には嘉永とあります。その背後の林には天保7（1836）年、文化15（1818）年の銘が入った2基の石祠があります。また一角には寛政九巳（1797）年九月光童子、弘化五戌申（1848）年と読める墓石などがあります。春と秋の島郷四国霊場八十八カ所巡りの日には、内平地区の方が内平の札所とここの2カ所で接待をされています。

小竹は、かつて山を愛する意味で「愛嶽村」と書かれましたが、小さな山なので小岳山と名づけられ、やがて竹が多いので小竹となったと伝えられています。その小竹に白山神社があります。祭神は菊理媛尊（くくりひめのみこと）、伊弉冊命（いざなみのみこと）、速玉男命（はやたまのおのみこと）、事解男命（さかのおのみこと）です。上宮と下宮があり、上宮に白山神社、下宮には熊野神社が祀られています。境内にはイチョウやムクロジの大木があり、保存樹に指定されています。神仏習合により白山神社の社僧たちは境内に安養寺を建てて阿弥陀如来を安置し、明け暮れに鐘をついていました。鐘は、筑前山鹿城主・麻生氏寄進の康暦2（1380）年の銘がある朝鮮鐘で、小嶽山安養寺の銘もありました。この鐘は昭和13年に国の重要美術品に認定され、石碑が建てられていましたが、昭和45年に盗まれてしまいました。安養寺は明治初年の神仏分離により廃寺となりますが、

安養寺跡。左は筑前山鹿城主・麻生氏寄進の朝鮮鐘が
あったことを示す石碑で若松市教育会が建てたもの

左：島郷四国霊場を開基した香山弥次郎重治の像
右上：沖津宮の祠。かつてはこの孔から沖ノ島が見
えたのだろうか
右下：脇之浦のはだか祭り

境内には島郷四国霊場を開基した香山弥次郎重治の像と阿弥陀堂があります。

白山神社から脇之浦方面に向かう道のすぐ左側に沖津宮があります。今は木々に隠れて見えませんが、昭和30年代頃までは祠の孔から平成29（2017）年に世界遺産に登録された沖ノ島が見えたということです。

さらに脇之浦へ向かう途中には財ノ峠があります。峠には87番札所の中島庵があり、反対には平安地蔵もあります。この峠の左手奥には、かつて十三塚があったと伝えられています。

脇之浦のはだか祭りは、毎年1月10日に行われます。かがり火に照らされ、上半身裸の男たちが海に入り石を拾い、大漁と航海の安全を祈願する勇壮な神事です。

魚鳥池周辺に広がる田圃。江戸時代に干潟を干拓したもの

11 神功皇后伝説が残る魚鳥池

払川地区は、古代には洞海湾が深く入り込んで入海となっていました。その名残が蜑住、塩屋などの海に関連する地名です。今も水田地帯が広がる払川地区には神功皇后伝説が色濃く残っています。

『日本書紀』には、仲哀天皇と神功皇后が熊襲を討つために海路橿日（現在の香椎）に向かったことが書かれています。穴門豊浦宮から出発した仲哀天皇と神功皇后は、崗県主の祖先といわれる

熊鰐の案内で若松島の外と内とに分かれて航行し、仲哀天皇は岡浦（現在の芦屋）に向かいました。内の洞の海に入った皇后の記事として、「洞海よりお入りになったが、潮が引いて動くことができなかった。その時に熊鰐がまた帰ってきて、船の動かないことに恐れかしこまり、急いで魚池・鳥池を造って魚や鳥を集めた。皇后はこの魚や鳥をご覧になって、怒りの心も解け、潮が満ちてきて岡津に泊まられた」とあります。

皇后が実在したか否かは別として、払川の田圃と民家の間に魚鳥池があります。池周辺の広大な田圃は、貞享〜元禄時代（1684〜1704）に蜑住までの干潟を干拓した所で、井戸を掘ると清水が湧き出たことで上記のような神功皇后の伝説に結び付いたといわれています。後に石を組んで井戸にしましたが、どんな日照りでも枯れず、おいしい水であったため、人々は飲料水としていました。なお、

魚鳥池。いわゆる池ではなく、井戸の形で残っている

左：魚鳥池の碑。表側の碑文は
後の総理大臣・松方正義の揮毫
右：（上から）魚鳥池神社／須
賀神社／若宮八幡神社

この水で造られた酒は味が非常に良く、
遠賀郡第一といわれたそうです。

　池の西側、水田の中に明治35（1902）
年4月に建立された魚鳥池の碑がありま
す。表の碑文は、日本銀行を創設し、後
に総理大臣となった松方正義の筆による
もので、裏面には香椎宮宮司の筆により
皇后の御遺徳と池の由来が刻まれていま
す。

　水田の北側、旧海岸線沿いの集落内に
魚鳥池神社が鎮座しています。いつの頃
か、皇后の船が止まった場所の鵜巣より
この地に移され、魚鳥池神社といわれる
ようになったと伝えられています。また、
境内には、神功皇后にまつわる御輿掛の
松がありましたが、元禄の頃、大風のた
め倒れて根株のみ残っていたと伝えてい
ます。

　払川の北、竹並地区に竹並及び払川の
産土神である須賀神社があります。建武
2（1335）年、高橋貞綱が建立し、古
来より「祇園さま」の名で親しまれ、厄
除け、農耕守護神として崇められていま
す。また、夏の祇園祭では大山笠を立て
て御神幸が行われており、その起源は江
戸時代の初期頃といわれています。境内
には、天保9（1838）年銘の百度石を
はじめ、江戸時代に造られた灯籠、鳥居
があります。また、頓田貯水池建設によ
りこの地に移された若宮八幡神社も祀ら
れています。

左：塩屋の八剣神社。慶応年間建立とされる社殿は火災で消失し、平成8年に再建された／右：発掘調査時の小敷城。東西38m、南北12mの楕円形の主郭の中心部に9×5mの高まりがあった（北九州市埋蔵文化財調査報告書第343集『小敷城跡』〔北九州市芸術文化振興財団埋蔵文化財調査室、2005年〕より）

12 太閤秀吉も通った海路・小敷地区

　区画整理施行前の学術研究都市は、広大な自然林とミカン畑などで、折尾砂岩の切出し場や下関要塞地帯標石などがありましたが、今は整然とした街並みの中に、昔から地元で親しまれてきた神社などが残されています。

　市立大学グラウンドの北側に、塩屋地区の氏神社である八剣神社があります。由緒は不詳ですが、南側に隣接する八幡西区本城の本宮から八剣大神を勧請して祀ったといわれています。

　若戸病院の南側に中世の山城である小敷城がありました。平成16（2004）年の区画整理事業に伴う発掘調査により、全容が明らかとなりました。標高48mの丘陵頂部に築かれた小規模な単郭構造の城で、帯曲輪や堀切、竪堀などの城郭遺構が確認されました。城のすぐ北側を流れる江川を見下ろす位置で、かつ汐待ちの場所になっており、遠賀川と洞海湾を

行き来する船を監視することを目的に設置されたと考えられています。城の主郭からは花房山城、花尾城及び帆柱山城など、麻生氏関係の山城を望むことができました。城があった丘陵のことを地元では「城の山」と呼び、調査地の地名は「城ノ下」であることから城の存在自体は伝承されていましたが、史料は全く残っていません。なお、出土遺物から室町〜戦国時代の城郭とされていますが、調査後に消滅しました。

　江川は、川幅が狭く、また川と名前がついているため川と勘違いする人がいますが、遠賀川河口と洞海湾から潮が流れ込んでおり、汐の干満の影響を受けています。また、若松が島であることは、この江川が水路となって九州本島と分離されていることによります。東の洞海湾方面からの満ち潮と、西の遠賀川河口方面からの満ち潮がぶつかり分岐する場所は

（左から）汐分地蔵／小敷地区西端部の「太閤水」。この地域の地名の由来となった／小敷の八剣神社の鳥居。寛政11（1799）年の銘がある

現在の大鳥居西信号機付近ですが、昔の地名は庄の江といっていました。この地名は、まさに潮がぶつかる場所「潮の会」が転化したものといわれています。

また、ここには汐分地蔵がありますが、もともとは小敷地区の鬼門除けに祀ったのが始まりといわれています。干潮時は東西へ潮が引くことにより水量が乏しく、満潮にならないと川ひらたなどの船が通過できないため、この地蔵堂付近が潮待ちの場所となり、茶屋があったといわれています。

豊臣秀吉は、文禄元（1592）年に朝鮮出兵のため肥前名護屋に出陣しますが、大坂から肥前名護屋までの道路整備とあわせ各地に給水所を設置させました。秀吉は、神功皇后の吉例に従い洞海湾から江川を下ることとなり、江川沿いにあった小敷の里人にも井戸を掘らせ飲料水を確保、後に石で囲んで「太閤水」と称したと『遠賀郡誌』に書かれています。なお、朝鮮出兵当時に整備された各地の湧き水や井戸のほとんどが「太閤水」と呼ばれています。

学術研究都市の西側に新設された有毛引野線から旧道に入った所にある八剣神社は、集落を見下ろす西側丘陵の上に鎮座しています。由緒は不詳ですが、日本武尊を祀っており、棟札から古くは亨保13（1728）年に拝殿と正殿が再建または修改築されています。

江川北側にある大鳥居の信号機から西側丘陵地に戸明神社があります。創立年などは不詳ですが、天手力雄命を祀っています。この神社は戸明浜にあった戸明本社の遙拝所であったため、社殿はなく鳥居のみが建てられていました。このため「鳥居山」と呼ばれ、大鳥居の地名の由来になったともいわれています。

戸明神社境内の石祠。文政2（1819）年と天保4（1833）年の銘がある

戸明神社。上は境内にある子宝石（こだからいし）で、安産・子宝の神徳がある陰陽石といわれる。御魂（みたま）分けされた敷石を「安産の鎮め」として持ち帰り、無事出産の暁には子供の健やかな成長を願い、横にある御汐台に納める

13 島郷四国霊場の起こりと貴重な神事

　蜑住地区には戸明神社があります。蜑住は「海人住み」のことであり、かつてこの近辺まで洞海湾が湾入し、漁業が営まれていたことが地名からもわかります。神社の最初の鳥居には大正8（1919）年、次の鳥居には天明8（1788）年の銘があります。階段を上がると社殿ですが、切妻造の平入りではなく、妻入りであるのも特徴です。

　祭神は天手力雄大神と天児屋根大神です。天の岩戸神話では、天照大神が天の岩戸に隠れた際、美声の神である天児屋根大神が天の岩戸の前で祝詞を奏上し、腕力に勝れた神である天手力雄大神が天照大神の手を取り岩戸から引き出したとされています。社号の「戸明」の由来も、この神話にあると考えられます。また、この神話からご神徳は開運、出世、縁結びなどといわれています。なお、こ

の両神が祀られているのは大変珍しいようです。

　創建の時期については境内の由緒書きに、『『戸明宮縁起書序』（天文5〔1536〕年）によれば、『当社は、岩屋・柏原との間、戸明浜に有りて甚だ厳めしき宮造りなりしを、享禄の年（1528〜32）頃この地に移し奉る』とあり（略）、また『福岡県神社誌』（昭和19〔1944〕年）によれば『往昔は六社にて郷内の三大社と称し、島郷三十余村より春秋両季五穀成就の祈禱は勿論毎年臨時祭絶えず執行せず』とあり、宮司家が郡内神職の頭取に任じてきた事と併せ考へ昔時の繁栄が偲ばれる」とされています。

　蜑住入口の交差点から戸明神社方面に北上、最初の信号を過ぎるとすぐ、道路右側に島郷四国霊場5番札所の小森地蔵堂があります。その敷地内に、昭和27年

（左上から右に）島郷四国霊場5番札所の小森地蔵堂／島郷四国霊場開祖碑／「大乗妙典六十六部廻国」と記された石碑。大乗妙典とは法華経のこと。六十六部とは、全国66カ所の霊場に1部ずつ納めて回るために書写した66部の法華経、またそれを納めて回る行脚僧のこと

左下：大乗妙典一部一字一石塔

3月に建立された島郷四国霊場開祖碑があります。碑文には次のような霊場発祥由来が記されています。

慶長7（1602）年、蜑住村の郷士・大庭源馬がその祖である秋月藩主・原田家の菩提のため、三男・三太夫に命じて四国の霊場を巡拝させて聖土を島郷の88カ所に納め、子孫に巡拝させたことに始まる。さらに寛延元（1748）年、小竹の大庄屋・香山弥次郎重治が夢に現れた大師の導きにより四国に渡り、霊地の土砂を持ち帰り地形・距離・日数などを考えて88カ所の位置を定め本霊場を開基した。すると、明治時代には近郷はもとより遠く他県からの巡拝者も増え、春と秋の大詣りには千数百人が訪れるようになった。

開祖碑の右隣には石碑が2つあり、左の碑には「大乗妙典六十六部廻国」「當村七蔵六十六歳、□化六年巳八月」とあります。「□化」とは文化で、1809年のことです。右の碑には正面に「供養塔」とあり、他には「大社巡」「遠賀」「村建」などの文字が読み取れるのみです。向かって右側面には「寛□三亥天」とあります。

なお、島郷四国霊場第1番の札所は、城主・麻生家に関係ある山鹿金剛寺（芦屋町）であり、最後の第88番の札所は小竹の安養寺で、敷地内には香山弥次郎重治の座像が佇んでいます（35頁参照）。

開祖碑からさらに200mほど北上して左へ入ると、こんもりと木立が見え、島郷四国霊場の44番札所・千徳庵がありま

左：貴船神社／右上：ほら貝まつり／
右下：「史跡神功皇后船留之松碑」

す。その傍らに、明和5（1768）年9月
に建立された「大乗妙典一部一字一石
塔」があります。一字一石塔とは、経文
の文字を川や海の礫石に書写し、法華経
の全部を記して地中に埋めて供養すると
いうもので、大変な勤行です。塔の左右
には首なし地蔵などが祀られています。
雨風から守られるようコンクリートで囲
まれていました。内側の目立たない所に
寄進者の名前が書かれた木札があります。
かろうじて昭和34年と読み取ることがで
きますが、寄進者の名前は読めませんで
した。静謐な環境に一刻身を置くことが
できました。なお、『若松市史』には一
字一石塔の所在として小石高崎家、小竹、
高須を記しており、小石高崎家のそれは
現在見ることができます。
　乙丸の地名は、天喜（1053〜58）の
頃の「多諸乙丸」という人物に由来する
と伝えられています。その乙丸に貴船神

社があり、祭神は水の神様である闇龗
神、高淤加美神です。毎年4月15日に
は、二百有余年続いている「ほら貝まつ
り」が行われます。ご神体のほら貝にお
神酒を入れて飲むと、不老長寿のご利益
があるとされています。この祭りに関連
して次のような伝説があります。
　安徳天皇（寿永4〔1185〕年没）が
乙丸庄の浦に落ち延びた時、食事のお世
話をしていた女性が病となりほら貝の肉
を食べると不老不死となってしまい、夫
や子供、孫たちが死んでも生き続け、孤
独の中諸国を転々とし600年の齢を重ね、
天明2（1782）年5月、津軽において
一時の幸せを得ていた際、遠賀郡芦屋の
商人が道に迷い家を訪れます。商人が同
郷とわかり、我が身の上と、そのほら貝
の殻を故郷の船留の松の近くの祠に納め
ていることを話し、子孫への伝言を依頼
します。その年の10月、商人は庄の浦を

上：戸脇神社社殿
左・右下：毎年10月8日に行わ
れる戸脇神社の筑前御殿神楽

訪ねてほら貝を見つけ、子孫である伝次
郎と会って約束を果たしました。

　船留の松は神功皇后の船を留めたと伝
えられ、松自体は枯れてしまいましたが、
「史跡神功皇后船留之松碑」が建っていま
す。また、この話に出てくる商人は遠
賀郡芦屋の者で伊万里から焼物を船に積
んで諸国を回っていたということから、
海上輸送の発達の様子と、遠賀郡芦屋が
物流の拠点であったことが窺われます。

　戸脇神社は乙丸にあり、『若松市史』
第2集（1959年）によると遠賀郡山鹿
から万治2（1659）年に勧請されてい
ます。祭神は天手力雄大神や応神天皇な
どで、毎年10月8日に「筑前御殿神楽」
と「湯立神楽」が執り行われます。

　筑前御殿神楽は室町時代に始まり、福
岡藩の手厚い保護を受け、明治天皇の大
嘗祭の際には宮中でも奉納されていま
す。採り物を持ち舞う「里神楽」と、神
々の面を着けて神話を舞う「面神楽」か
らなり、社殿でのみ舞うことから「御殿
神楽」ともいわれます。また、神の方を

向いて舞うということや、神官のみが舞
うといった点が特徴といえます。現在で
は北九州市の西部、遠賀郡、中間市の一
部の神職家によって守り伝えられており、
戸脇神社をはじめそれぞれの神社で行わ
れます。

　御殿神楽が終わると、社殿外にて湯立
神楽が行われます。お清め、ご神託の意
味とともに、水と火のご縁をいただくと
いう祈りと感謝の意味もあります。筑前
御殿神楽と湯立神楽の両方が行われるの
は戸脇神社だけです。

左：火の玉塚古墳の全景（上）と石棺材と見られる板石／右：発掘調査時の脇田丸山墳墓群（北九州市埋蔵文化財調査報告書第241集『脇田丸山遺跡 2』〔北九州市教育文化事業団埋蔵文化財調査室、2000年〕より）

14 古代の海士族の墳墓と中世の城

　火の玉塚古墳は、脇田海岸より約50mの防風林の海浜堤上南斜面に築かれており、直径15mほどの円墳です。高さは約3mで、墳丘上には石棺材と思われる板石が散乱しています。未調査のため詳細は不明ですが、200m東にある脇田丸山墳墓群と同じような箱式石棺と推定されます。脇田丸山墳墓群は直径及び一辺6～10mの方・円墳が群集していましたが、火の玉塚古墳はそれより大きく、しかも単独であることから、これら群集墳の盟主墳であろうと考えられます。

　脇田丸山墳墓群は、響灘に面する海浜堤上に築かれた10基あまりの墳墓群で、

築造時期は3世紀後半～4世紀前半です。福寿院北側の道路新設により発見されました。副葬品に畿内系二重口縁壺があったことから初期ヤマト王権との結び付きが考えられます。この時期はヤマト王権が武器や甲冑を作るために半島の鉄素材（鉄鋌）求めて頻繁に関門海峡を渡り、博多湾の西新町遺跡の渡来人と交易していた時期です。響灘は急に荒れることがあり、またかなり浅瀬の所もあることから、航海する上で現在でも難所のひとつに挙げられる海域です。脇田丸山墳墓群は、ヤマト王権が鉄鋌を求めて船で行き来する際に水先案内を務めた人たちの墳

こうしんのう古墳群の2号墳
（左）と2号墳出土の雁木玉
（福岡大学考古学研究室蔵）

墓群であろうと考えられます。

　こうしんのう古墳群は、若松発電所前の信号から東側、響灘を臨む低丘陵上に築かれた24基あまりの古墳群です。5世紀後半頃から6世紀後半頃まで築かれています。2号墳から雁木玉と素環頭刀が出土しています。雁木玉は全国で7例あまりしか出土していない貴重なものです。また素環頭刀を帯刀したのは軍事指揮権を持つ人物と考えられ、朝鮮半島へ出兵した人たちや、朝鮮半島に向かう時の水先案内人たちの墳墓群であろうと考えられます。

　楽丸城は、安屋の称名寺東側、標高26mの丘陵上にあります。約20m四方の主郭から北側に堀切を挟んで30×20mの曲輪、そして北側集落側に堀切を設けています。南側は谷水田が広がっていますが、中世には入海となっており、城の入口はこの入海側に設置されていました。城は、平安時代末の山鹿城主・山鹿兵頭次秀遠の家臣・天野兵内茂澄が築いたと考えられています。天野兵内茂澄は源平合戦時、山鹿城攻撃の報せを聞き応援に向かいましたが、有毛付近で落城したことを聞き自刃して果てたといわれています。また、楽丸城は入海側を入口としていることか

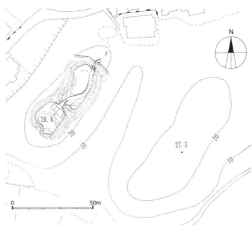

上：楽丸城の堀切／下：楽丸城縄張図（北九州市立自然史・歴史博物館作成）

ら、水軍の城であった可能性があります。古墳時代から中世まで、この地区の人々は響灘の海上交通に深く関わっていたものと思われます。

男島。左の白いタンクが国家石油備蓄基地

⑮ 毛利元就から拝領した島

　脇田漁港近辺では近年、水産の振興、漁村の活性化及び海洋レクリエーションの拠点を目指し、「汐入の里」や「ひびき海の公園」、海釣り桟橋など近代的な施設が整備されています。この浜から海

若松北海岸から望む白島（右が男島、左が女島）

を望むと、沖合に2つの島が見えます。約8km沖にある男島と女島で、この2島をあわせて白島と呼んでいます。関係者以外立入禁止の小さな無人島ですが、歴史の詰まった、この地区にとって宝の島です。

　毛利元就は、大内義長を攻め滅ぼし周防を手中に納めると、山鹿の麻生氏も幕下に入ったため、旗下の領地巡視のため筑紫に下向し、白島の金ヶ口の沖に船をつなぎました。巡視を終えて帰ろうとした時、碇が深海の岩に引っ掛かり上がらないため、脇田の庄屋へ碇を上げてくれる者はいないかと尋ねました。庄屋は、本田弥吉（俗称「具波伊」）という者が

左：水尺。敵艦攻撃に必要な潮位を図る目
盛りが付けられたコンクリート柱
右上：福寿院
右下：福寿院境内にある本田弥吉の墓

怪力で、その上水練の技も優れていると
紹介しました。弥吉が碇の綱を伝って海
に潜り、岩間から無事碇を放すと、元就
は100両の褒美をやると言いました。し
かし弥吉は、褒美の代わりに白島を浦の
共有にして欲しいと望むと、元就はその
義気に感服し「永代、白島を与える」と
言って出帆しました。その後、弥吉の娘
が脇之浦に嫁ぎ、白島は脇田と脇之浦の
共有になり現在まで続いています。弥吉
は、天正16（1588）年3月に病没し、
墓は脇田の福寿院境内にあります。福寿
院は浄土宗で本尊は観世音菩薩、天正4
年に威光が開山したといわれています。

　男島は標高128mで、周囲約3kmで面積
は約0.29km²、女島は標高84m、周囲約3
kmで面積は0.15km²です。男島の北側・西
側は岩盤が露出し切り立った崖で、東側
・西側も平坦部はほとんどなく、全島照
葉樹及び海岸崖植物の低い群落が植生し
ています。島には第4次中東戦争勃発に
よるオイルショックを受け昭和59（1984）
年に建設が始まり、平成8（1996）年に
完成した白島国家石油備蓄基地がありま

す。

　白島が文献史上初めて出てくるのは、
奈良時代に編纂された『日本書紀』で、
仲哀天皇が熊襲征伐の折、筑紫に向かう
海路の中で「柴嶋」として記載されてい
ます。これが史実かどうかは別にしても、
白島が奈良時代の海路上のポイントとな
っていたことは間違いないと考えられま
す。その後、戦国時代の弘治4（1558）
年に白島の漁場をめぐる脇田・脇之浦と
柏原浦との争いを領主の麻生氏が裁定し
た文書が残されています。

　また、鎖国体制の江戸時代、白島周辺
には度々異国船が来航したため、寛永17
（1640）年、福岡藩は白島や沖ノ島など
に番船を派遣して異国船来港を監視させ
ました。享保3（1718）年には小倉・
萩・福岡の3藩が共同で中国船を白島か
ら追い払っています。

上：白島砲台の第4砲台
右：（上から）砲台建設時の基準点となった砲基／眼鏡台。敵艦までの距離を測る測遠器を設置していたコンクリート台／探照灯方向標石。探照灯の方向を示すもの

　明治30年代頃には第12師団の海岸監視哨が設置され、回光通信機で下関要塞司令部と連絡をとっていました。そして昭和11年11月には白島砲台が竣工します。この砲台は、中小艦艇や航空機の侵攻を防ぐため、宗像市の大島砲台、下関市の蓋井島砲台・観音崎砲台などをほぼ同一直線に並べた響灘離島砲台群の一角をなしています。射程約20kmの十五糎カノン砲が大島砲台と蓋井島第1砲台に、短射程ですが対空迎撃が可能な七糎カノン砲が白島砲台、蓋井島第2砲台、観音崎砲台に設置されていました。十五糎カノン砲で撃ち洩らした艦艇や航空機の撃破を七糎カノン砲が担う予定でした。なお、白島には4砲座に各1門が設置されています。

　昭和16年12月には本土防空戦力を強化するため、防空第21連隊の照空第11中隊

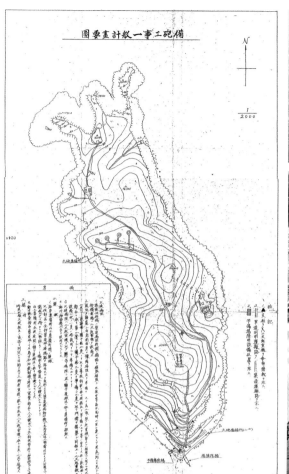

左：「備砲工事一般計画要図」（「下関要塞白島砲台備砲工事実施ノ件」〔防衛研究所戦史研究センター蔵〕より）。砲台に４門の砲を設置する際に使用された工事計画の図
右：（上から）塹壕。通信用の電線を架設していた電柱が今も建っている／炭焼窯。太平洋戦争末期には補給物資も不足したため、自給用の窯が造られた／白島神社

が配備され、組織名称を変えながら昭和19年の八幡空襲には実戦対応しています。その後、昭和20年に米軍の九州上陸に備えて砲４門が津屋崎・新宮に移設され、終戦を迎えました。

男島の南端には白島神社（昔は白滝権現社、応瀬明神社と呼ばれていました）

があります。毎年旧暦の６月11日に豊漁と海上安全を祈る「お渡り」と呼ばれる祭礼が行われ、脇田漁港などの関係者約50人が参加しています。また、玉依姫が祀られており、櫛や鏡などの化粧道具が供えられています。

Ⅱ

八幡東区

洞海湾

戸畑駅

鹿児島本線

八幡東区

松ヶ島埋立記念碑 8

東田緑地遊歩道 8

枝光駅

宮田山トンネル入口 8

枝光タイドアーチ橋 8

麻生氏館跡 8

善光寺 8

旧本事務所眺望スペース 9

枝光八幡宮 8

東田第一高炉 9

八幡駅

北九州イノベーションギャラリー 9

旧百三十銀行ギャラリー 10

南門跡 10

いのちのたび博物館 9

影見池 10

環境ミュージアム 9

福岡ひびき信用金庫 11

豊山八幡神社 10

高炉台公園 4

高見神社 2

一里塚 2

明善寺 12

復興平和記念像 11

清水の坂 3

前田観音堂 12

旧八幡市民会館 11

尾倉橋梁 10

両国橋 3

仲宿八幡宮 12

元照寺 10

大谷球場 5

大蔵駅跡 3

大蔵橋梁 3

大谷会館 5

「鉄の里」記念碑 5

大谷プール観覧席 5

殉職弔魂碑 5

八束髪神社 12

大谷 JCT

内ヶ畑歩道橋 5

龍潜寺 12

指場橋 6

山陽新幹線

板櫃川

八幡西区

皇后国見岩 13

▲ 皿倉山 13

中山の田橋 6

楓杉峡 13

皇后杉 13

鷹見神社上宮 13

河内貯水池 6

八幡東区・北部

戸畑区

③

金毘羅池の国境石❷

中央公園

高見三丁目の国境石❷
戦災殉難者之碑 p.55
高見倶楽部❷　小笠原忠増墓❷
荒生田神社❶　茶屋町橋梁❶
荒生田番所跡❷
三条の国境石❷
天疫神社❶　慈光寺❶
小笠原忠慶墓❷

山路IC

北九州都市高速

小倉北区

0　　　　　　　1.5km

八幡東区・南部

山陽新幹線

皇后国見岩⓭
皿倉山⓭　中山の田橋❻

楓杉峡⓭　八幡東区
皇后杉⓭

板櫃川

鷹見神社上宮⓭

北河内橋❻

河内貯水池❻

白山神社❻
遭難五十士慰霊碑❻
中河内橋❻
南河内橋❻

㊻

小倉南区

田代の国境石❼　下関要塞地帯標石❼
稗田神社❼
九州自動車道
観音越❼

0　　　　　　　1.5km

※史跡名の後の数字は項番号を示す
例：❷ → ❷国境の町・高見と槻田地区（p.56）

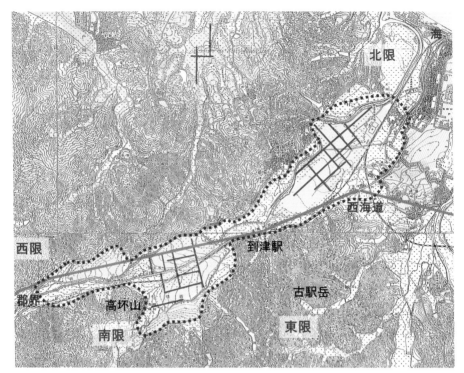

到津庄の範囲（点線の内側）。左右に横切る太い実線は西海道の推定線で、
垂直に交わり合うピンクの実線は条里の痕跡

1 到津荘から九州鉄道まで歴史の詰まった町

荒生田神社

　板櫃川の川辺にある荒生田神社は、慶
長2（1597）年、川に設けた岩淵堰の
取水口（現在の七条橋付近）の無事と村
の繁栄を願い、灌漑用水の神である弥都
波能売命と、穀物や酒造りの神である
少彦名命を祀る水神社として創建され
ました。元禄年間（1688〜1704）には
荒生田村の氏神として茅葺きの神殿と拝
殿が造営されています。明治35（1902）
年には、天平12（740）年に板櫃川の戦
いで敗れた藤原広嗣の霊を祀るため、現

茶屋町橋梁。右は赤煉瓦の刻印。仮名と漢数字を組み合わせたもの（イ一、ロ一、ハ二、二二）であることから、日本製の煉瓦であることがわかる

在の八王寺橋付近にあった明神社を合祀して荒生田神社に改称しました。

到津庄は宇佐神宮の神領で、その範囲は、寛弘4（1007）年の『宇佐大鏡』に「到津庄四至　東限古駅岳　並大路　南限高杯山　西限筑前遠賀郡界　北限海」と書かれています。東の端の古駅岳とは、すでに駅の機能がなくなっていた到津駅近くに存在する山で、大路は西海道と考えられています。次に南の端は高杯山となっています。条里の跡が竹下町辺りまであることから、同じ丘陵が続く天疫神社が鎮座する辺りが南端と考えられています。また西の端は筑前・遠賀郡との界、北の端は海と書かれています。庄内の田圃の区画である条里の跡が川淵町、昭和町、竹下町に残っています。この地区は、昭和7（1932）年から9年にかけて現在の整然とした道路が区画整理によって造られましたが、住宅地の中に南北方向の路地が条里の跡として数カ所残っています。また、条里地区内の昭和町、石坪町、竹下町にあった高台の水

田への灌漑用水は板櫃川上流の両国橋付近に堰を設け、祝町、荒生田地区内に用水路を通していました。この水路は、江戸時代には「枯れ木用水」と呼ばれ、今でも住宅地の中に水路跡が残っています。

赤煉瓦造の茶屋町橋梁は、明治24年4月に開通した九州鉄道（後の大蔵線）の遺構で、鉄道橋としては唯一の市指定文化財です。橋は、赤煉瓦の小口と長手を段ごとに交互に積むイギリス積みで造られています。アーチ部分は、煉瓦の小口を5段積みにした弧型アーチで、アーチが載る迫台は花崗岩の切石で造られています。なお、下流側の長崎街道に沿った、人目に触れる北側のアーチ部は、1段ごとに煉瓦を迫出させ、見栄えを意識した意匠となっています。これは将来の複線化工事を行う際に、この迫出し部に煉瓦を組み込むことによって橋梁全体の強度を図るための「下駄歯」工法の跡であることが、複線化された大蔵橋梁の煉瓦構造から判明しました。また、赤煉瓦には

左上：天疫神社拝殿
右：天疫神社境内にある竹刀塚
左下：慈光寺

「イ一」「ハ二」など仮名と漢数字からなる刻印が多く残っています。大蔵線は、現在の戸畑回りの鹿児島本線開通などにより、明治44年9月に廃線となりました。汽車は橋の上を通っていましたので、その当時橋の前後は盛り土が続いていましたが、区画整理によって除去されました。

　天疫神社は、醍醐天皇の時代（9〜10世紀）に疫病がはやり、里人たちがこの高杯山山頂で祈ったところ疫病が鎮まったため、社を建てて祀ったのが始まりとされています。その後、寛永年中（1624〜44）に小笠原氏が入国し、社殿を改築しました。社紋に小笠原家の家紋「三階菱」を用いているのはそのためです。境内に寛政6（1794）年に建立された鳥居の額が残っており、江戸時代に

は「高槻疫神社」と呼ばれていたことを示しています。また、全国で初めて建立された竹刀塚が境内にあります。

　神社の東側にある慈光寺は、大内義隆の家臣であった柳原哲之助の子・喜平太の開基と伝えられています。喜平太は剃髪して小倉永照寺の弟子となり、清田山山麓に庵を建て寛永年間に寺号を許可され、その後現在の宮の町へ移ったといわれています。境内の発掘調査で、本堂は江戸時代に何回かの建て替えが行われていたことがわかりました。また、弥生土器、奈良・平安時代の土師器、柱穴、土坑、溝などが発見され、この地には弥生時代から現在まで連綿と人々が生活していたことが判明しました。

Column

戦災受難者の碑

　昭和20（1945）年８月８日、八幡では午前10時頃から始まったＢ29戦略爆撃機による焼夷弾空襲により、約1800人の市民が犠牲になりました。空襲後、犠牲者の遺体は焼け残った小学校の講堂等に安置され、翌日、各町内ごとに高見にあった八王寺火葬場へ運ばれました。なお、一部の方は学校校庭で荼毘に付されたともいわれています。また、運ばれたご遺体があまりにも多く、火葬場の処理能力を超えていたため、火葬場横の畑を借り上げ、野天で火葬が行われました。さらに、市民の目に触れさせないよう、周辺では憲兵が見張りをしていたといわれています。

　火葬後の残骨や身元不明者の遺骨は、そのまま畑に埋められ、木製の墓標が建てられていましたが、数年後には顧みる人もなく夏草の中に埋もれていました。見かねた地元住民の陳情によって、昭和30年８月８日に慰霊碑が建てられました。碑の背面には当時の市長・守田道隆の思いが刻まれています。

　毎年８月８日の夕刻には、地域住民の有志によって慰霊祭が行われてきました。主催者の高齢化により継承が危惧されていましたが、新たに住民グループ「故郷の歴史を守る会」が結成され、殉難者慰霊祭が行われています。しかし、出席者は約50名と少数であり、戦争の記憶を風化させないためにも多くの人の参加が望まれます。

上：谷口霊園内に立つ「戦災殉難者之碑」
下：1960年代の荼毘地（黄色線内）。現在は市立総合体育館横の駐車場となっている

② 国境の町・高見と槻田地区

　元禄10（1697）年、全国の諸藩は、幕府から国絵図を新規に作成するよう命じられました。福岡藩では測量などを行い幕府の検閲を受けましたが、遠賀郡中原村・田代村内にある国境が未調整のままでした。このため、福岡の箱崎で小倉藩と協議し、両藩役人と農民が現地立ち会いの上、十数カ所に木杭や境木を立てる証文と国境絵図を取り交わし、元禄14年、幕府に下絵図を提出しました。その後、木杭は朽ちるため石造の国境石に替わり、高見地区では次の数カ所に現存しています。

　市立総合体育館前の金毘羅池西側の国境石は、福岡藩が文化14（1817）年に再建した玄武岩の自然石で、銘文は福岡藩の祐筆家・二川相近（ふたがわすけちか）と考えられていま

　す。なお、現在池の中にありますが、この池は大正7（1918）年に灌漑用ため池として造られたもので、もともとは谷に沿った山道脇であったと考えられます。

　総合体育館から、県立北九州視覚特別支援学校へ通じる道が当時の国境で、学校隣の阿弥陀院前の三差路（高見三丁目）に花崗閃緑岩（か こうせんりょく）の切石で造られた国境石があります。銘文は二川相近によるもので、下の白黒写真のように、もともとは反対側の崖の上にありましたが、

左下：金毘羅池西側の国境石
右上：高見三丁目の国境石。右下は反対側の崖の上にあった頃の写真（昭和42年）

左上：谷口霊園にある小笠原
忠増の墓
右上：荒生田番所跡（平成6
年、石垣の積み直し工事の際
に撮影）
左下：板櫃川の左岸にあった
一里塚の記念碑

1970年代に降ろされ現在地に設置され
たものです。なお、説明板には1953年
のがけ崩れで移設と書かれていますが、
これは間違いです。

　眼下に谷口霊園があります。園内に昭
和29（1954）年、槻田公民館（現 祝町
市民センター）建設により移設された小
倉藩初代藩主・小笠原忠真の五男・忠増
及びその子孫の墓が3基あります。

　霊園から七条橋を渡り、旧電車道を渡
るとすぐ左右に延びる一本の道が現れま
す。これが長崎街道で、この道を大蔵方
面へ歩くと荒生田一丁目東公園がありま
す。ここには幕末、小倉藩が設置した荒
生田番所がありました。なお、国道側の

石垣に化粧積みといわれる古い石積み技
法が用いられています。また街道に面し
た公園の石垣が平成6（1994）年に積
み直された際、現れた土層から現状はか
なりの盛り土がなされていることがわか
り、その下層から明治時代の染付陶磁片
が出土しています。ちなみに公園南側の
道路は九州鉄道の線路跡で、南から3本
の道が交わるため、ここに踏切があった
と思われます。

　番所跡から荒生田一丁目の信号を渡り
高見中央公園前の道を大蔵方面へ歩くと、
川沿いに一里塚の碑があります。さらに
進み高見二丁目2番の住宅地内に高さ
3.29m、花崗閃緑岩の切石で造られた福

三条の国境石。県下最大の国境石で、市の史跡に指定されている

岡県下最大の国境石（三条の国境石）があります。これも銘文は二川相近ですが、銘文の刻み方は従来の薬研彫りではなく新技法の竹底彫りが採用されています。ドイツの医師ケンペルが書いた日本旅行記には、「行くこと１里半にして２個の境界石の立てる所に着きぬ。それは互に10歩許りを隔てて立てられたる石柱にして、其面に文字あり。筑前と小倉の版図を分つものなりき」と、この筑前側国境石の反対側に豊前側の国境石があったことが記されていますが、現在所在不明です。

この高見地区には、かつて製鐵所構内の旧本事務所南側の高見丘陵地にあった長官官舎、高等官官舎が工場拡張に伴い移転してきました。この官舎群は旧地の地名にちなみ「高見」と呼ばれていまし

たが、老朽化と生活様式の変化に伴いすべて取り壊され、現在の高級住宅街へと生まれ変わりました。高見倶楽部と高見神社及び街路の桜が、当時の面影を残しています。なお、明治41（1908）年に完成した高見官舎群の位置は八幡町ではなく隣接する板櫃村でしたが、官舎住民から八幡町への編入要望があり、大正５年に八幡町になっています。大正15年には残りの槻田地区も八幡市となって旧筑前領が豊前側を取り込み、境も約１km小倉側に食い込む形となっています。

高見神社は、もともと製鐵所構内の高見丘陵にありましたが、製鐵所用地となったため、春の町の豊山八幡神社境内に遷座していました。昭和９年、日本製鐵株式会社の発足を契機に高見神社を製鐵所の氏神として現在地に祀ることになり、

八幡製鐵所 槻田社宅 〔昭和1年九月四日下關震災司令部許可濟〕
Employee Residence at Tsukida, N.S.K. Yawata Seitetsusho.

左上：八幡製鐵所の槻田社宅（昭和10年、絵葉書、個人蔵）
左下：高見倶楽部。製鐵所草創期のお雇い外国人グスタフ・トッペの官舎として造られ、退任後は職員の娯楽施設となった。官舎の移転に伴い現在地に移設。昭和3年、奈良ホテルをモデルに改築され、戦後一部はRC造2階建となった
右下：高見神社

設計を内務省神社局・角南隆（すなみ）へ依頼しました。しかし、本殿は明治神宮と同規模とするなど予算が3倍に膨れ上がったため、最後は所長以下従業員の勤労奉仕で7年の歳月を費やし昭和17年に完成しました。その社殿は昭和期を代表する神社建築といえます。また境内には江戸時代の鳥居と手水鉢も移設されています。

槻田中学校南側、宮の町一丁目6番地内に小笠原忠真の弟・忠慶（ただよし）及びその関係者の墓が7基あり、今でも墓守（はかもり）によって大切に守られています。筑前との国境であった高槻地区になぜ藩主近親者の墓があるのか、またこの地区に居住していたのかなどについては資料が残っていない

ため不明ですが、前藩主・細川時代には筑前との緊張状態が続いており、義兄弟でもあった小笠原忠真が睨み（にらみ）と押さえのために配置したのではないでしょうか。墓石は、正面の筑前境を睨むように丘陵地に建っています。

槻田中学校南側にある小笠原忠慶の墓

左：現在の大蔵駅跡／右：昭和初期の万田駅（『鉄道100年記念 九州の鉄道の歩み』
〔日本国有鉄道九州総局、1972年〕より）。旧大蔵駅の駅舎が使われていた

❸ 九州鉄道大蔵駅と長崎街道

　大蔵市民センター及び東側の公園は、明治31（1898）年9月に開業した九州鉄道大蔵駅があった場所で、現在は道路拡幅によって北側敷地が削られています。明治24年の九州鉄道開通時、小倉駅の次は黒崎駅で八幡村には駅がありませんでしたが、明治30年2月に官営製鐵所の設置場所が決まると駅が建設されることになりました。勾配のきつい小倉－黒崎間において、製鐵所に近く、かつ列車の発着が可能な平坦地は峠であったこの場所しかなく、また大蔵村に隣接していたためと考えられます。駅の建設にあたっては、駅舎や構内線路敷を確保するため、線路北側の斜面を削り、平地に造成しています。

　八幡製鐵所の開業は国を挙げてのお祝いであり、伏見宮殿下をはじめ国会議員や政府高官を招待して明治34年11月18日、作業開始式が盛大に行われました。その際、東京新橋駅から大蔵駅まで臨時列車が運行され、多くの招待客がこの駅を利用しています。明治35年12月には小倉から戸畑を経由して黒崎までの戸畑線（現在の鹿児島本線）が開通、明治44年6月には大蔵線に並行する九州電気軌道（後の西鉄電車）の門司東本町－大蔵川間が開通し、翌7月には大蔵川－黒崎駅前間

左：道路拡幅工事中の大蔵橋梁の右岸橋台と橋脚／右：大蔵橋梁の下駄歯。右側のコンクリート基礎の上に左側の増築コンクリート基礎が載り、その継目部の赤煉瓦が下駄歯である

郵 便 は が き

８１２-８７９０

158

料金受取人払郵便

博 多 北 局
承　　　認

7183

差出有効期間
2022年10月31
日まで
（切手不要）

福岡市博多区
　奈良屋町13番４号

海鳥社営業部 行

|ᴵᴵᴵ|

通信欄

通信用カード

このはがきを，小社への通信または小社刊行書のご注文にご利用下さい。今後，新刊などのご案内をさせていただきます。ご記入いただいた個人情報は，ご注文をいただいた書籍の発送，お支払いの確認などのご連絡及び小社の新刊案内をお送りするために利用し，その目的以外での利用はいたしません。

新刊案内を ［希望する　希望しない］

〒　　　　　　　　　☎　　（　　　　）

ご住所

フリガナ
ご氏名

（　　　　歳）

お買い上げの書店名

北九州歴史散歩［筑前編］

関心をお持ちの分野

歴史，民俗，文学，教育，思想，旅行，自然，その他（　　　　　）

ご意見，ご感想

購入申込欄

小社出版物は全国の書店，ネット書店で購入できます。トーハン，日販，楽天ブックスネットワーク，地方・小出版流通センターの取扱書ということで最寄りの書店にご注文下さい。なお，本状にて小社宛にご注文いただきますと，郵便振替用紙同封の上直送致します（送料実費）。小社ホームページでもご注文いただけます。http://www.kaichosha-f.co.jp

書名		冊
書名		冊

左：両国橋の橋柱。大正14年竣工のもので、橋の西側たもとに保存されていた
右：旧長崎街道の「清水の坂」（写真右に上る坂道）

が開通したことにより、大蔵線は明治44年9月末に廃線となりました。なお、大蔵駅の駅舎は、廃線後の大正元（1912）年9月、万田駅（現在の荒尾駅）の駅舎として解体移築されました。

　大蔵駅から小倉側の大蔵川では、以前から大蔵橋梁の赤煉瓦造の右岸橋台と橋脚が見えていましたが、平成25（2013）年10月の道路拡幅工事中、新たに左岸橋台と橋脚が発見され、3連の鋼製プレートガーダーが架かる斜橋であったことが判明しました。また、この鉄橋は開業当時は単線でしたが、大蔵駅建設にあたり複線化されています。大蔵橋梁は今回の道路拡幅と両国橋の架け替えによってほぼ消滅しましたが、橋脚の一部は両国橋の袂に保存展示されています。

　両国橋は、その名のとおり江戸時代までの豊前と筑前の国境に架けられた橋です。この両国橋を渡らずに高見神社方面へ向かう山際の道が長崎街道で、大蔵一丁目17番1号付近から丘陵の中腹へ登る坂道となっています。この坂は「清水の坂」と呼ばれ、当時の面影を残しています。登り詰めた所が立場茶屋跡で、大名などの休憩場所となっていました。松江

藩藩医・桃文之助が記した『西遊日記』に「大蔵野という所に立場あり。名物の陶器を売る。小倉産物上野焼という懸札あり。格別上品とも見えざるに大分高値也」とあることから、幕末には茶屋で陶器を売っていたようです。

　ところで、街道はなぜ大蔵市民センターのある低地の峠を通らずに、わざわざ遠回りして丘陵の中腹を通っていたのでしょうか。それは、枝光村では水田耕作に必要な灌漑用水を十分確保できず、隣の大蔵村の水量豊富な大蔵川から分水する水路を低地の峠に造っており、道を通すことができなかったためと考えられます。なお、その灌漑用水の提供は、製鐵所誘致の重要な要件となっていました。

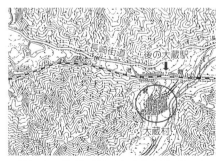

明治27年の地図に描かれた大蔵付近。狭い谷間に街道と鉄道が並行して設置されている

左：高炉台公園に立つ熊本山史跡碑
中・左：かつて高炉台公園にあった
鉄都誕生記念碑（中央）と、建て替
え後の高炉塔モニュメント

④ 八幡の繁栄を物語る高炉のモニュメント

　八幡東区の中心部に高炉台公園があり
ますが、元は熊本山といっていました。
仲哀天皇が神功皇后とともに筑紫に向か
った時、岡県主の祖先・熊鰐が、五
百枝の賢木を船の舳先に立て、上枝に白
銅鏡、中枝に十握剣、下枝に八尺瓊を
かけて出迎えます。賢木はこの山から採
ったため、熊鰐が転化して熊本山と呼ば
れるようになったといわれています。

　高炉台公園の名前は、旧八幡製鐵所の
溶鉱炉を象った鉄都誕生記念碑があった
ことに由来していますが、老朽化に伴い
平成7（1995）年に現在の高炉塔モ
ニュメントに建て替わりました。旧記念碑
の周りには、彫刻家・樽谷清太郎製作の
ブロンズ像4体が配置されていましたが、
現在は野外音楽堂に移設されています。
公園は、昭和33（1958）年に公開され
た映画「この天の虹」のロケ地にもなる
など、旧八幡市時代は多くの市民で賑わ

っていました。園内には、今も彫刻など
のモニュメントがたくさん建っています。

　芳賀種義翁之碑は、八幡製鐵所の誘致
にあたり、地権者への説明及び取りまと
め、反対住民に対する決死の説得などに
力を尽くした八幡村第2代村長・芳賀種
義の功績を顕彰して昭和47年に建立され
ました。

　昭和5年に北原白秋が作詞した「八幡
小唄」の一節を刻んだ文学碑は、昭和36
年に北九州白秋会が建立したものです。

　岩下俊作文学碑は、「無法松の一生」
で知られる作家・岩下俊作が35年間勤務
した八幡製鐵所を望む場所に平成2年に
設置されました。

　「兎と蛙の乗ったケンタウルス鉄鋼モ
ーターサイクル」は鉄鋼彫刻で重量26ト
ンの大作です。作家は、昭和7年東京に
生まれ、ニューヨークで活躍している前
衛美術家の篠原有司男氏で、本市の鉄工

左：（上から）北原白秋文学碑。「山へ山へと　八幡は
のぼる　はがねつむように家がたつ」とある／岩下俊
作文学碑／篠原有司男作「兎と蛙の乗ったケンタウル
ス鉄鋼モーターサイクル」／右：芳賀種義翁之碑

左下：県下で２番目に信号機が設置
された中央町の交差点。信号機制御
ボックスに「Ｓ－0002」とある
右下：戦前の九州百貨店（絵葉書、
個人蔵）

所で製作し、平成６年に設置されたもの
です。

　公園から中央町へ出ると、中央町交差
点に信号機がありますが、この信号機は
昭和10年、福岡県で天神に次いで２番目
に設置されたものです。また、交差点の
角には昭和７年開業の九州百貨店（通称
マルキュウ、後に八幡丸物百貨店）があ
りました。小倉の井筒屋より４年早い開
業で、当時の八幡の繁栄ぶりを窺い知る
ことができます。

左上：九州鉄道の土盛りの跡
右上：昭和40年建立の「鉄の里」記念碑

昭和10年頃の大谷球場
（絵葉書、個人蔵）

5 オリンピック選手を輩出した製鐵所のプール

　中央町から南側の商店街を抜けると一段高くなっていますが、これは明治24（1891）年に開通した九州鉄道の土盛りの跡で、後に製鐵所がその土盛りを堰堤（えんてい）として下大谷貯水池を築造しています。しかし、大正5（1916）年に貯水池が決壊して死傷者や家屋倒壊を招いたため、その後池を埋め立て大谷会館、大谷球場、武道場、プールなどを建設するとともに、製鐵所起業祭の会場となっていました。昭和60（1985）年からは市民の祭り「まつり起業祭八幡」として毎年11月上旬に開催されています。

　大谷会館は、八幡製鐵所職工専用の交流・娯楽施設として昭和2年5月に開館しました。鉄筋コンクリート造、地上2階・地下1階建で、左右対称の外観やアール・デコ調のデザインなど当時最先端の建物でした。外壁には製鐵所の鉱滓煉（こうさい）瓦が使われています。

　大谷球場は、昭和3年に完成しました。八幡製鐵所と国鉄の門司鉄道局との試合は西の早慶戦といわれ、多くの観客を集めていました。また、一時プロ野球の試合で使用されたこともありました。

　球場横の「鉄の里」記念碑は、昭和40

左上：大谷プールの観覧席／左下：内ヶ畑
歩道橋／右：八幡製鐵所の殉職弔魂碑

年３月、八幡製鐵所（現日本製鉄九州製鉄所）の出鋼１億トン達成を記念して設置されたものです。中央の鋼塊は第５製鋼工場で生産された耐候性高張力鋼で、重量は23トンもあります。全体は「鉄の滝」をイメージして造られています。

　大谷プールは、昭和９年に完成し、八幡製鐵所水泳部の拠点となっていました。昭和39年の東京オリンピックで日本選手団の旗手を務めた福井誠は、八幡製鐵水泳部出身で、ローマオリンピックで銀メダル、東京オリンピックでは銅メダルを獲得しています。また、女子200m背泳ぎで世界記録を更新し続けた田中聡子も八幡製鐵水泳部出身で、ローマオリンピックでは銅メダルを獲得したものの、東京オリンピックでは４位でした。多くのオリンピック選手を輩出したプールは、その後老朽化のため壊されましたが、当時の観覧席が体育館左手斜面に保存されています。

　大谷を見下ろす高台に殉職弔魂碑があります。八幡製鐵所が、明治34年の創業以来殉職された方々を祀るため大正10年に建立したもので、側面には当時の官営製鐵所長官の名前が入っています。

　さらに谷を登った所に河内貯水池からの水路が残っています。当初、この水路はトンネルとして計画されましたが、工費がかさむため開水路として建設されました。昭和28年の水害で大きな被害を受けた後、本復旧されないまま廃止され、現在は自転車道として活用されています。なお、水路終点には大正14年竣工の鉄筋コンクリートスラブアーチ橋である内ヶ畑歩道橋があります。橋は、内ヶ畑停塵池の上に巡察路としてアーチ状に架けられています。池内の水路出口の壁は河内貯水池の提体と同様、自然石が装飾的にはめ込まれ、放水口は自然石と人造的な曲線で造られています。

左：河内貯水池
右：河内水路の中山の田橋

6 沼田尚徳と河内貯水池

製鐵所での鋼鉄生産には大量の水を要します。八幡製鐵所の創業当初、鋼鉄1トンの生産には200トン以上の水が必要といわれていました。そのため、製鐵所では当初から水源地の確保に苦心し、構内の他にも近隣の大谷地区や大蔵地区に貯水池を設け、また遠賀川にまで水を求め造られたポンプ場設備は2015年に世界文化遺産に登録されています。

水源地の中でも風光明媚な造形美で知られる河内貯水池は、製鐵所の第3次拡張計画に基づき、昭和2（1927）年に完成したアースダムです。その表面には

地元河内で採れた自然石がふんだんに使用されています。設計者は京都帝国大学第1期卒業者の沼田尚徳で、明治33（1900）年に八幡製鐵所に奉職し、数多くの土木施設に携わりました。中でも最大の業績がこの河内貯水池と送水路です。

河内水路は貯水池の水を鬼ヶ原浄水場（消滅）を介し製鐵所に送るために造られたもので、桁橋やアーチ橋など多様な造形美を誇ります。指場橋と西只越橋には「KAWACHI AQUADUCT」の記載とともに、工事に関わった土木技術者の名が陰刻されています。八幡市水道に水を分配していた部分にはコンクリートスラブアーチ橋の内ヶ畑歩道橋が現存し、橋梁の持つ機能美を見せています（前頁参照）。

貯水池には「河内五橋」と称される多様な橋梁群が造られました。国指定重要文化財で現存唯一のレンティキュラートラス橋である南河内橋や三連アーチ橋の中河内橋（眼鏡橋）などが現存していま

河内水路の指場橋

左上：中河内橋（眼鏡橋、昭和10年頃、絵葉書、個人蔵）／左下：北河内橋／右上：南河内橋（昭和10年頃、絵葉書、個人蔵）。その造形から魚形橋と呼ばれた

す。

河内貯水池の完成後、貯水池を見下ろす白山神社の敷地内に建てられたのが、沼田泰子記念碑です。これは河内貯水池の完成直前に他界した沼田の糟糠の妻である沼田泰子を偲ぶものです。五言律詩の漢詩で妻への思いを綴り、裏面にはその英語訳が記されていて、米国土木学会会員であった沼田のこだわりを感じさせます。

また、眼鏡橋横の湖畔に河内と縁がある石碑があります。昭和7年2月27日、大阪から福岡の名島へ向かっていた日本航空輸送の「白鳩号」が暴風雪に遭い、南河内橋袂にあった旅館・樋口軒の裏山に墜落しました。操縦士、通信士、機関士の4名は即死、機関士の1人は病院へ運ばれた後に亡くなりました。後日、5名の冥福を祈って建てられた慰霊碑が遭難五士慰霊碑です。

また、種田山頭火の句碑もあります。昭和5年11月24日に下関市から旧八幡市にやって来た種田山頭火が、俳句で知り合った星城子宅に宿泊し、翌25日、星城子、俊和尚と3人で河内貯水池を訪れ、その際に詠んだ句が刻まれています。

（左から）沼田泰子記念碑／遭難五士慰霊碑／種田山頭火の句碑。「水を前に墓一つ」と刻まれている

荒谷の国境石

⑦ 山中の国境石と軍事施設

　河内貯水池の南に位置する田代地区も小倉藩と福岡藩の国境が未確定であったため、国境石が現在３カ所残っています。

　１基は、田代から畑方面への上り坂途中の河内病院敷地内にあるため、見学の際は病院の許可を得て下さい。敷地奥の病棟裏にあり、元禄古図に境石と記されている自然根石です。大きさは150×190×80㎝で、市内の自然石に彫られた国境石としては最大です。銘文は他の２基も含めすべて二川相近によるものです。

　２基目は、河内病院北側の荒谷越の谷に入っていくと左側の尾根上にあり、こちらも自然根石に刻まれています。石の大きさは80×50×12㎝です。なお、目線より上の位置にあるため、見落とさない

（左から）河内病院敷地内の国境石／荒谷越西尾根の国境石／田代公民館近くの下関要塞地帯標石

左上：観音越。写真中央に下
関要塞地帯標石がある
左下：稗田神社。社はなく、
　３つの祠が祀られている
右：田代照空陣地の塹壕跡

よう注意が必要です。

　３基目は、河内病院から北東、荒谷の
竹林を進むと道沿いにあり、以前は２つ
に割れていましたが、現在は修復されて
います。自然根石に刻まれており、石の
大きさは110×75×26cmです。

　この田代地区には、国境にまつわる切
腹事件の話が伝わっています。享保９
（1724）年夏、豪雨により地形がわから
なくなるほどの土砂災害が発生しました。
その復旧にあたった田代村庄屋・原田藤
右衛門は、災害により国絵図を失ったた
め困惑、見かねた妻は実家の荒生田村庄
屋の父に絵図面を借りて復旧を果たしま
す。しかし、借りた図面は国境紛争解決
前の豊前側が主張する国境線であったた
め、筑前側が四、五町歩の土地を失う結
果となってしまい、その責めを負って藤
右衛門は切腹したといわれています。

　田代公民館前の道路脇に、明治32
（1899）年の下関要塞地帯標石が建って
います。また、河内病院から先のトンネ
ル手前の左側に軍用道路が残っており、
それを辿って登ると八幡西区の畑観音と
田代への分岐点である観音越に着きます。
そこにも下関要塞地帯標石があり、一帯
は田代照空陣地で、円型土塁、塹壕など
が残っています。

　田代から合馬への登り坂の途中に旧田
代少年自然の家がありますが、その東側
尾根に社のない稗田神社があります。伝
承では、五穀豊穣を願って田川郡上野村
より勧請したとされています。３つの祠
があり、そのうちのひとつには享和３
（1803）年の製作年が刻まれています。
なお、ここは現在は八幡東区となってい
ますが、昭和29（1954）年までは小倉
市、つまり豊前の地域に属していました。

左：大正４年建立の松
ヶ島埋立記念碑
右上：埋め立て前は洞
海湾で最大の島だった
葛島
右下：堂山成品岸壁

⑧ 洞海湾の島々とくろがね線

　元禄16（1703）年、貝原益軒が73歳
の時に藩主へ献上した『筑前国続風土
記』などに、洞海湾の枝光付近には葛
島、松ヶ島などの島があったことが記載
されています。

　葛島はもともと若松市で、八幡製鐵所
の埋め立てで陸続きとなり現在は八幡東
区ですが、大字は若松です。松ヶ島港か
ら望める葛島の枝光側海岸には須恵器な
どが散布していることから、製塩など海
に関する遺跡があったことが窺えますが、
未調査のため詳細不明です。

　松ヶ島港から西側に広がる岸壁は、大
正11（1922）年１月に竣工した八幡製
鐵所の堂山成品岸壁です。現在は東田緑
地遊歩道として整備され、誰もが散策を
楽しめます。また、途中には使い込まれ

た船の係留施設が残されています。

　枝光駅前から南側の道路上を横切る線
路が、製鐵所専用鉄道くろがね線です。
大正10年、八幡製鐵所は戸畑の東洋製鉄
から経営を受託（昭和９〔1934〕年に
合併）し、溶鉄を戸畑から八幡へ海上輸
送していましたが、危険かつ不経済であ
り、八幡製鐵所から出る大量のスラグ・
炭滓処理の課題もあったため、その解決
策として建設されました。昭和２年に着
手して昭和５年２月に完成しました。当
初は八幡から戸畑へ埋め立て用にスラグ
や炭滓を運んでいたことから「炭滓運搬
鉄道線」と呼ばれました。また、全長
5.2kmのうち1.2kmが宮田山トンネルであ
ったことから、蒸気機関車が一般的であ
った時代に電気機関車が採用されていま

左：宮田山トンネルの八幡側入口／右：枝光タイドアーチ橋

左上：善光寺境内の五輪塔。大正時代に周辺
の開発が行われた際、地元有志により集めら
れたもの／左下：枝光八幡宮／右：八幡製鐵
所の2代目本事務所（大正11年頃、個人蔵）

す。戦中戦後の一時期には、一枝と鞘ヶ
谷にホームが造られ、通勤電車としても
活用されていました。昭和47年、社員か
らの公募により名称を「くろがね線」に
変更しています。

　なお、宮田山トンネル入口は花崗岩切
石積み、裏込めコンクリート造で、八幡
側はルネッサンス建築様式のデザインと
なっています。また、道路上の枝光橋は、
路線の中で一番長いスパン51.4mの2連
タイドアーチ橋です。

　日の出一丁目2番に善光寺があり、境
内には多数の五輪塔が祀られています。

　なお、寺は大正時代初期に再興されたも
のです。

　枝光八幡宮は、初めは宮田山にありま
したが、寛永4（1627）年に現在地の
諏訪山に移転したといわれています。

　南北朝時代の延文元（1356）年の麻
生兵庫助宗光の軍忠状に、中富浜の合戦
で麻生・山鹿勢が菊池勢に敗れたことが
記載されています。かつて中富浜を望む
丘陵には八幡製鐵所の2代目本事務所が
ありましたが、その旧名は土井で居館に
関わる地名であること、また周辺では多
くの五輪塔が発見されていることから、
麻生氏はこの丘陵に屋敷を構えていたと
考えられます。

東田第一高炉

⑨ 八幡のシンボル・東田第一高炉と博物館群

　東田地区は、明治34（1901）年に創業を開始した官営八幡製鐵所の敷地内でしたが、溶鉱炉の操業停止に伴い広大な未利用地となっていました。その後、区画整理事業が行われ、テーマパーク、商業施設、業務用ビル、マンションなどが建設されています。

　その一角に、製鐵所創業年の「1901」のプレートを掲げた東田第一高炉が聳え立っています。最盛期には東田地区に6基の溶鉱炉がありました。現存する東田第一高炉は第10次改修炉で、日産能力900トンを誇る日本最初の高圧高炉として昭和37（1962）年8月の火入れから昭和47年1月の吹き卸しまで操業していました。一時老朽化を理由に解体の危機にありましたが、北九州市の文化財を守る会などによる保存運動の結果、平成8年に一帯は市の史跡に指定され、保存・展示されています。

　高炉の東側には、平成14（2002）年に開館した「いのちのたび博物館」（北九州市立自然史・歴史博物館）があります。全長35mの恐竜セイスモサウルス、世界最大のマンボウの剥製などを展示する自然史ゾーン、日本で唯一住居跡に埋納された広形銅矛、九州最北の装飾古墳・日明一本松塚古墳のレプリカ、北条時頼の創建と伝えられる大興善寺の仁王像、山本作兵衛の炭鉱記録画のうち最大の原画などを展示する歴史ゾーンなどテーマ別に展示されており、年間約50万人が訪れる西日本最大級の博物館です。

　博物館の南側には、世界の環境首都を目指す北九州市が、環境に関する学習や交流の総合拠点として平成14年に開館した「環境ミュージアム」があります。市の公害克服の歴史から身近な環境問題や地球環境問題までを6つのゾーンでわかりやすく展示しており、北九州市ならではの施設です。

　ミュージアム西隣の広大な芝生広場に

上：（左から）いのちの
たび博物館（北九州市立
自然史・歴史博物館）／
環境ミュージアム／北九
州イノベーションギャラ
リー

左：昭和初期の八幡駅周
辺（絵葉書、個人蔵）。
駅は現在地より約1km東
にあった
下：昭和初期の官営八幡
製鐵所旧本事務所（絵葉
書、個人蔵）

面して「北九州イノベーションギャラリ
ー」（産業技術保存継承センター）があ
ります。製鐵所創業により20世紀の日本
のイノベーション発祥地となった北九州
市が、先人たちの知の遺産を未来につな
げ、新しいイノベーションを創出するこ
とを目指し、平成19年に開館したもので
す。技術開発をテーマとした企画展を行
い、隣接する工房棟ではモノづくり体験
なども実施しています。

　ギャラリー工房棟の南、都市高速の下
には、かつて明治35年に開業した八幡駅
があり、昭和30年に現在地に移転するま
で約50年間営業していました。なお、製
鐵所が開業式を行った明治34年にはまだ
八幡駅がなかったため、皇族や国会議員
は大蔵駅を利用しています。

　環境ミュージアムからイノベーション

ギャラリー南側を通り、東田二丁目2－
43付近までを通っていた長崎街道は、製
鐵所用地買収により工場敷地となり、そ
の面影はありません。

　スペースワールド駅北側の製鐵所敷地
内には、平成27年に世界文化遺産に登録
された官営八幡製鐵所旧本事務所、修繕
工場、旧鍛冶工場がありますが、工場内
のため一般公開されていませんので、眺
望スペースから見学して下さい。

豊山八幡神社。右は階段脇にある、大内氏が築いた本陣の腰曲輪跡

⑩ 八幡製鐵所南門の門前町の賑わい

　春の町界隈はかつて尾倉村の中心地で
した。尾倉は昔「小倉」と書いていまし
たが、近くに豊前国小倉があることから、
混乱を避けるため寛永（1624〜44）の
頃より「尾倉」を用いるようになったと
いわれています。

　春の町三丁目の信号機から北に下る道
が村の中心道路で、現在の鹿児島本線に
突き当たる辺りで東西に延びる長崎街道
につながっていました。その中心道路に
面した所が本村で、西側の丘陵に豊山八
幡神社があります。その参道脇に影見池

豊山八幡神社参道脇にある影見池

があり、菅原道真が大宰府へ赴く途中、
この池の水に映った自分の姿を見て「海
ならずたたへる水の底までも　清き心は
月ぞ照らさん」と無念の心情を詠んだと
いわれています。

　豊山八幡神社は、社伝によると飛鳥時
代の創建で、平安時代の9世紀後半に現
在地の小倉山に遷宮し、その後この山を
豊山と呼ぶようになったとされています。
祭神は仲哀天皇、神功皇后、応神天皇及
び応神天皇の皇子である菟道稚郎子です。

　室町時代、大内氏は幕府から命を受け
て九州に下向し、大友氏・少弐氏を征
討します。その折の合戦で花尾城を拠点
とする国人・麻生氏の惣領である家春・
家慶の父子がそろって討死すると家督争
いが起こり、家春の弟である弘家が足利
将軍から相続を認められました。不満を
抱いた家春の子・家延は花尾城にて蜂起、
所領を追われた弘家親子は大内政広を頼
りました。文明10（1478）年、大内氏
は大軍を率いて小倉山に本陣を置き、花

左上：元照寺
右上：八幡製鐵所の南
門跡
右下：昭和11年頃の八
幡西本町通り（個人
蔵）。右側の近代建築
は百三十銀行八幡支店

尾城を包囲します。そして和平交渉の結果、家延は遠賀荘代官として芦屋に移り、城は弘家のもとに戻りました。豊山八幡神社の参詣階段の両脇に大内氏が陣を置いた時の腰曲輪の跡が残り、山頂西側にも曲輪の跡などがあります。

　尾倉三丁目の元照寺は、豊前中津城主・城井鎮房が天正16（1588）年に黒田長政により誅殺された時、家臣の門司左京が当村に逃れ、その次男・新左衛門が開基したと伝えられています。明治29（1896）年には製鐵所用地買収に反対する尾倉村村民が竹槍を持って元照寺に立てこもり、当時の村長・芳賀種義は単身乗り込んで国家的必要性と八幡百年の大

計を訴え、村民たちを説得したといわれています。なお、当時の寺は春の町三丁目の信号機付近にありましたが、明治44年の九州電気軌道開設と道路新設により豊山八幡神社南側の丘陵に移り、その後戦災により現在地へと2度移転しています。

　さて、村の中心道路を北へ下った所にあった長崎街道の海側は、後に製鐵所の敷地となります。それまでは、ここから中央町にかけて松並木が続いていました。

　官営製鐵所は、明治30年6月に開庁するにあたって仮事務所や官舎を製鐵所構内の稲光地区に設置し、長崎街道に面して南門を開設しました。やがて南門から

左上：旧百三十銀行八幡支店。現在はギャラリーとして利用されている
左下：鉄筋コンクリート造３階建の中本呉服店。令和元年秋に解体された
右：玉屋デパートの別館跡。大正末頃に建てられた金松堂を昭和５年に玉屋が買い取り、３階建の別館としてオープン。写真は平成16年撮影で、その後解体された

街道筋に銀行や商店などが次々と開業し、商店街を形成していきます。

　そのうちのひとつが百三十銀行八幡支店です。百三十銀行は、明治５年の国立銀行条例に基づいて全国に設立された153の銀行のひとつで、大阪が本店です。八幡支店は若松支店の派出所として明治37年に春の町に開設され、同39年、西本町三丁目に移転するとともに支店に昇格しました。現在の建物は、東京駅などを手掛けた日本近代建築の先駆者・辰野金吾の主催する辰野・片岡事務所の設計で、大正４（1915）年竣工の鉄筋コンクリート造です。外観は赤煉瓦風の壁体で、玄関、柱頭、窓周りに幾何学模様を施し、「洗出し」で石造風に仕上げています。そして大正12年の銀行合同により安田銀行八幡支店となり、昭和14（1939）年まで同行が使用しました。その後、昭和25年に旧八幡市の所有となり、翌26年頃に戦災復興事業で南西約80mの現在地に曳家されています。

　昭和５年には北九州最初の百貨店である鉄筋コンクリート造４階建の玉屋デパートが開業、その後も高田屋百貨店、中本呉服店などが次々と開業しました。しかし製鐵所からの人の流れが東門のある中央町に移ったことから衰退し、終戦間際には八幡大空襲で壊滅的な被害を受けました。

　古代の都と地方を結ぶ道路は、7世紀後半頃までに広範囲にわたって整備が進み、九州には西海道が建設されました。8世紀には30里（約16km）ごとに駅家（うまや・まや）が設置され、往来する役人らに対して乗り継ぎの馬や食料、宿泊所の提供などを行っていました。市内では、門司の杜崎（もりさき）、小倉の到津（いとうづ）、八幡の独見（ひとみ）、夜久（やく）の4駅が『延喜式』に記載されていますが、いずれも遺跡の発見には至っていません。

　このうち、独見の駅の場所についてヒントとなるのが、豊山八幡神社の創建地です。波多野家文書によると、その創建地は前田村巽（たつみ）（東南）の森「茎船」という所で、「貴船田［貴船の社があったが、今はなし］」（『筑前国続風土記附録』）ともいっていた場所で、大なる礎石や布目菊形の古

瓦などが多く残っていたと伝えています。また、竹中岩夫氏は、「北九州市八幡区地名考」（『製鉄文化』78号、1963年）で、製鉄西門前電停付近を小森、あるいは貴船田と呼び、巽の森という小さい森があり、ここは豊山八幡社の旧地で、小森の地名はこの森から出たものと推定しています。なお、ここに祀られていた貴船神社は、現在仲宿（なかやど）八幡宮に移されています。

　これらのことと、西海道の推定路線から考えて、駅は前田の字小森とその南側の字平野にあったと推察されます。しかし、この地は製鉄所設置に伴い、明治32（1899）年には前田官舎が建設され、その後周囲は民間開発が進み、大正期には市街地となっているため確認困難となっています。また、平野三丁目のサンキュードラッグ平野店付近も推定地のひとつとなっています。

　製鐵所南門は、鹿児島本線の土手に当時の位置のまま現存していますが、通行はできません。また、中本呉服店は令和元（2019）年秋に老朽化のため解体されましたが、旧百三十銀行八幡支店の建物は市の指定文化財として現存しています。

　村の中心道路であった道を南へ上り詰めた所には九州鉄道大蔵線の線路跡があり、黒崎方面へ少し歩くと道路下に赤煉瓦造の尾倉橋梁があります。皿倉山山麓を水源とする旗生川（はたぶ）の流れを阻害しないようにイギリス積みの煉瓦で造られたアーチ橋で、幅は45フィート（13.87m）と茶屋町橋梁の3倍もあります。当時の線路は、現道路面から3.5m近く盛土さ

れた上にあり、その基底部となる橋梁にはこれほどの幅を要したものと考えられます。なお、旗生川は現在道路下に下水道として埋められています。

尾倉橋梁

11 戦災復興都市計画と八幡駅前のモダニズム建築

　昭和20（1945）年8月8日の八幡大空襲は、市街地を目標にした焼夷弾爆撃であったため、多くの死傷者が出てしまいました。中でも多数の市民が避難場所として身を寄せた小伊藤山防空壕は、隣接する印刷所から漏れた油に引火したことによる火災で多くの方が亡くなりました。

　八幡市における戦後の復興計画では、正確な数が判明していない小伊藤山の犠牲者を1人でも多く発見するために、小伊藤山の切り取りを柱とした計画が策定され、跡地にはロータリーと公園が設置されました。

　ロータリー中央部には、サンフランシスコ講和条約締結を記念する事業として、樽谷清太郎の製作による復興平和記念像が、また公園内には樽谷による慰霊碑が置かれました。この場所を中心とした戦災復興都市計画は、現在の八幡東区西本

左上：明治期の現八幡駅付近（絵葉書、個人蔵）／右上：樽谷清太郎作の復興平和記念像／下：復興整備前・後の八幡駅前（建設省編『戦災復興誌』第8巻〔都市計画協会、1960年〕より）

左上：小伊藤山ロータリー（ラウンドアバウト改修前）／右上：旧八幡市民会館／左下：福岡ひびき信用金庫本店／右下：旧八幡図書館の煉瓦を使用した記念碑

町地区に八幡駅を移設し、駅前には大通りを整備して平和ビルと名付けられた防火建築帯としての鉄筋コンクリート造ビル群が建ち並び、駅前のさわらび通り（現在の国際通り）は歩道を広く取り皿倉山を借景とする、というものでした。なお、鉄筋コンクリート造のビル群は、一部を除いて高層マンションを併設した商業ビルに建て替わっています。

　戦後を代表する建築家で昭和42年に文化勲章を受章した村野藤吾は、北九州八幡で少年時代を過ごしました。また八幡製鐵所での勤務経験もあったことから、戦時中の八幡製鐵所（戸畑）ロール加工工場設計に携わり、恐らくはこの頃、八幡製鐵所役員で後に八幡市長となる守田道隆と関わりを深めました。戦後すぐに

中央町地区で計画された八幡市市民館（実現せず）の設計に携わった後、八幡市中央公民館の第2期計画として造られた市民会館を設計、こちらは小伊藤山ロータリーに面する形で現存しています。市民会館としての利用停止後に保存活動が行われた結果、近く埋蔵文化財センターに改修される予定です。

　この他、八幡駅前地区では福岡ひびき信用金庫本店も村野の作品として広く知られています。また、同氏設計による旧八幡図書館は市立八幡病院の移転新築により平成28（2016）年に解体され、跡地には図書館に使用されていた煉瓦を活用した記念碑が建っています。

（左から）龍潜寺山門／カール・キヨラーの墓／八束髪神社

12 麻生氏ゆかりの祈りの風景

　日蓮宗の祇園山龍潜寺は明治11（1878）年に建立されました。山門には、前田村出身の日諦上人揮毫の祇園山の扁額が掲げられています。祇園とは、中世麻生氏の頃に黒崎にある春日神社宮司の先祖が、京都愛宕の祇園社の神をこの地に祀ったことに由来します。現在、龍潜寺の西側に小さな石祠があります。この八束髪神社（祇園社）の社は昭和40年代中頃まであって、町内の人々は境内で花見や運動会を楽しんだと大正生まれの古老から聞きました。その御祭神の素戔嗚命は仲

仲宿八幡宮拝殿

宿八幡宮へ、東側にあった鳥居とともに移されています。

　龍潜寺の山門横にはカール・キヨラーというドイツ人の墓が建っています。彼は創業時の官営八幡製鐵所に圧延工場付職工長として雇われましたが、約2年後の明治36年に病死し、この寺に葬られました。山門をくぐって7500坪の境内を進むと、小さな池が見えてきます。その池を渡る太鼓橋は、赤煉瓦2段積みで古そうに見えますが詳細は不明です。本堂の脇には、明治34年に日諦上人が建立した「花尾城戦死霊魂墓」があります。また共同墓地には、昭和20（1945）年8月8日の八幡大空襲で亡くなった花尾高等小学校の女生徒73名の冥福を祈って、学徒動員先の林商会が建てた「戦没者慰霊之碑」があります。

　寺から北へ下ると、傾斜地形に合わせた祇園原公園があり、旧八幡市が昭和10年に開設した時の銘板が入った門柱が残っています。さらに下ると東西に直線的に延びる古代官道があり、その地下には、

左：前田観音堂／右：明善寺本堂前の宝篋印塔。麻生氏の姫や家臣の墓ともいうが、詳細は不明

遠賀川から取水した製鐵所の水道管が通っています。また、官道とほぼ直角の南北に交わる路地は条里の跡とされています。官道は花尾中学校の南側へ続いており、石段を下った所に「史跡古官道」の碑があります。

祇園町の仲宿八幡宮は慶安元（1648）年に尾倉村の豊山八幡神社から分霊され、前田村の産土神（うぶすながみ）となりました。仲宿の由来は、神功皇后がこの地で中宿りしたことによるといわれています。仲宿八幡宮の北側に戦前まで八十八カ所のお砂踏み場があり、御大師さんと呼ばれていたそうです。今は前田観音堂となっています。

御大師さんの名残として、お堂の脇に「大正元年九月建立　帆柱山四国第十三番」の石碑が残っています。麻生氏の戦死者の慰霊のため、地蔵盆の日には市の指定文化財である「前田盆踊り」が行われています。

これより北の桃園一丁目1番の明善寺本堂前には宝篋（ほうきょういんとう）印塔があります。さらに北に下った前田三丁目南公園内には、隣接する長崎街道にあった一里塚跡の碑と説明板が建っています。場所は少し西に移っていますが、往来する人々や献上の象も、ここを通ったのです。

Column

お小夜狭吾七物語

江戸時代、豊前の跡田村から筑前の藤田村に移り住んだ狭吾七（さごしち）は、前田観音堂のお小夜と恋仲になりました。それをねたんだ組頭の息子は、仲宿八幡宮の祭礼の夜、無頼の仲間とともに狭吾七を海岸の松の木にくくりつけ、火をつけて焼き殺してしまいました。そのため、お小夜は後を追って井戸に身を投げてしまいます。その後、村に怪火があって組頭一家は焼死し、また村中の牛が次々に怪死したことから、村人は2人の怨霊を慰めるため、牛守神社を建てたということです。

仲宿八幡宮境内にある牛守神社。昭和36年に製鐵所工場内の和井田から移された

皿倉山の夜景（「写真AC」より）

13 日本三大夜景のひとつ皿倉山

　皿倉山山頂からは、視野率200度以上のパノラマ夜景を眺望できるため、平成15（2003）年に新日本三大夜景、翌年に日本夜景100選、同30年には日本新三大夜景都市のひとつに認定されています。近年は外国人観光客の観光スポットにもなっています。

　622mの皿倉山山頂まで登山道を登れば1時間半〜2時間、ケーブルカーとスロープカーを利用すると10分で到着します。旧八幡市制40周年を記念して昭和32（1957）年に開通した帆柱ケーブルは、山名の違いを指摘され、平成27年に皿倉山ケーブルカーへと名称を変更しました。

　ケーブルカー山麓駅近くの登山口には、戦後の八幡市復興のために尽瘁した初代公選市長・守田道隆の胸像があります。表登山道は、昭和12年に失業対策事業で造られました。当時の小学生によって選ばれた登山道上の名勝15カ所は「帆柱十五景」と呼ばれています。平成29年には旧八幡市制100周年を迎え、新たに「皿倉八景」を選定しました。

　八景のひとつに皇后国見岩があります。神功皇后がここから下界を眺めたと伝えられる高さ7mほどの岩で、ロッククラ

（左から）皇后国見岩の碑と眺望／守田道隆胸像／ヤノトラカミキリの記念碑

（左上から時計回りに）皇后杉／楓杉峡のアーチ橋／北原白秋詩碑／権現山の鷹見神社上宮／馬塚

イミングの練習場になっています。また、楓杉峡は帆柱十五景と皿倉八景両方に選定された景勝地で、鉱滓煉瓦造の２連アーチ橋があります。表面には自然石が張り付けられており石積橋と見間違うほどの出来栄えで、一見の価値があります。

山頂展望台内には樹齢450年という皇后杉の根株が展示されています。展望台横には小倉出身の昆虫学者・矢野宗幹が発見したヤノトラカミキリの記念碑があり、裏に「天使の蝶」の詩が刻まれています。また、若者に人気がある天空ドーム近くには、北原白秋作の「鉄の都」の碑や、山の神を祀った石祠があります。

山頂から音楽堂横を通り、617mの権現山へ向かう道沿いに馬塚があります。第２次世界大戦中、山頂に設けられていた高射砲陣地で使われていた軍馬の墓で、昭和19年９月に戦死と刻まれています。

権現山周回道路の北側に皇后杉と呼ばれる杉の老木群があります。これは、神功皇后が新羅渡航の折、軍船の帆柱をこの地から伐り出したという伝説によります。また、これらの杉は旧藩時代の植林といわれていますが、詳細は不明です。

権現山は、役 行 者がかつて修行した熊野の三山権現を勧請したため、その名が付きました。また、その時熊野から飛び立った多くの鷹が当山に飛来したため、鷹見山とも呼ばれます。他にも坊主山、杉山、矢筈山という呼び名があります。山頂には祭祀遺構と思われるものがありましたが、第２次世界大戦中の高射砲陣地の設営により消滅しました。山頂から少し下った９合目に鷹見神社上宮があり、天保13（1842）年再建銘の祠が残っています。

※史跡名の後の数字は項番号を示す
例：2 → 2 長崎街道と曲里の松並木（p.94）

Ⅲ

八幡西区

洞海湾

二島駅　奥洞海駅　　藤ノ木駅

蛭子谷城跡 7
八剣神社 7
力丸遺跡 7
本城駅
聖塚 p.101

黒崎駅周辺

本陣橋橋柱 6　　陣原駅　鹿児島本線　黒崎駅
199　折尾駅 8　旗頭神社 6　舎月庵 6　　　熊西駅　西黒崎駅
堀川 8　ねじりまんぽ 8　　萩原駅
旧折尾警察署 8　　弘善寺 5
3　　　　瀬坂の森公園
水巻駅　川ひらた 8　　　鷹見神社 5　穴生駅　200
水巻町　　　　　　　　特攻勇士の碑 8　　　森下駅
鹿児島本線

北九州都市高速

東水巻駅　筑豊本線　　筑豊電鉄
今池駅　　黒崎 IC　帆柱山城跡 4
永大丸駅　帆柱新四国85番札所 10　市ノ瀬城跡 9
三ヶ森駅　市ノ瀬公民館 10　竹尾城跡 9
涼天満宮 10　称養寺 9　鷹見神社 10
西山駅　　やから様 10　熊野神社 9
中間駅　　　　　　　無量寺 9

八幡東区

200　211
通谷駅
東中間駅　　　　　金山 9
筑豊中間駅
小嶺の一里塚 12

八幡西区

小嶺 IC

希望が丘高校前駅　吉祥寺 13　立場茶屋銀杏家 12
山神社 13　　聖福寺 13　石坂 12　尺岳神社 11
筑豊香月駅　香月市民センター 13　畑貯水池 11
梅咲天満宮 14　帆柱新四国　杉守神社 13　畑城跡 11
彦六塚 15　46番札所 13　香徳寺 13
鞍手駅　　　専福寺 14　大日堂 13　　畑の観音 11
開開削記念碑 15　廣旗　茶屋の原の一里塚 13
寿命唐戸 15　　八幡宮 14　馬場山 IC

木屋瀬駅周辺

中間市

鞍手町

新木屋瀬駅　　　長泉寺 17
山陽新幹線　野面古墳 17　八所神社 17
木屋瀬駅　　　　八幡 IC
筑前植木駅

0　　　　　　3km

照空陣地 11

黒崎駅周辺

五卿上陸地碑1
城山緑地
黒崎城跡1
大日寺1
末松商店1　光円寺1
黒崎歴史ふれあい館1　御茶屋跡1　海蔵庵・東構口跡1
常夜灯1
鹿児島本線
熊西駅　西黒崎駅　黒崎駅　桜屋跡1
浄蓮寺1
代官所跡1　春日神社1
黒崎貝塚 p.91　人馬継所跡1
乱橋1　興玉神1　東光庵1
萩原駅　正覚寺1
西構口跡1
曲里の松並木2　岡田神社1
一宮神社2
八幡西警察署　八幡西図書館
ニコルソン慰霊碑2　帆柱四国88番札所2　鳴水小
仰星学園高
旧西海道3
幸神2
黒崎中　平等寺3　河頭山4
貴船神社3　忠孝の碑4　北九州都市高速
幸神の一里塚2　四十七士の墓4
0　600m
引野中　花尾城跡4

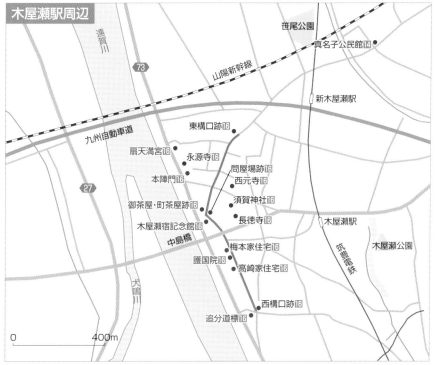

木屋瀬駅周辺

遠賀川
笹尾公園
真名子公民館14
山陽新幹線
新木屋瀬駅
九州自動車道
東構口跡16
扇天満宮16　永源寺16
問屋場跡16
本陣門16　西元寺16
御茶屋・町茶屋跡16　須賀神社16
木屋瀬宿記念館16　長徳寺16　木屋瀬駅
中島橋　木屋瀬公園
梅本家住宅16　筑豊電鉄
護国院16　高崎家住宅16
西構口跡16
追分道標16
0　400m

① 福岡藩最大級の宿場・黒崎宿

慶長5（1600）年12月、黒田長政が豊前中津から筑前国に入府後、貢米問題（7頁参照）で不仲となった小倉藩への備えとして黒崎城を築きますが、一国一城令（慶長20年）により廃城しました。以降、豊前国境に近い黒崎は、長崎街道における筑前側の玄関口となり、参勤交代の制度が確立した寛永年間（1624～44）の頃には宿場町として整備されました。

黒崎宿を通過するには東西の構口で「往来切手」の検査を受けなければならず、役人たちが旅人の監視にあたっていました。東構口から西構口まで九町二十間（1.1km）の町筋には、大名などが宿泊する本陣や脇本陣などの諸施設が整っていました。また、他の宿場町には見られない関番所や、福岡藩では唯一の上方への渡海船（乗合貨客船）が発着する黒崎湊を持っていました。この黒崎宿は東

の藤田地区と西の熊手地区とで構成されています。

■藤田地区

黒崎城は慶長9年に完成し、福岡藩重臣の井上周防之房が城主を務めていました。現在は本丸など一部の石垣と、城址の南側中腹に石垣の石を切り出した跡が残っています。本丸跡には黒田家17代当主の黒田長成が揮毫した「黒崎城址」の石碑があります。平成29（2017）年には県の史跡に指定され、桜の名所としても市民に親しまれています。

城下町の名残として、城の麓に浄土真宗本願寺派の光円寺があります。明応2（1493）年、教授上人（細川勝元の庶子・義勝）の開基といわれています。元和

（左から）「黒崎城址」碑／黒崎城跡の石割の矢穴が残る石／黒崎城縄張図（「遠賀郡黒崎古城図」〔国立公文書館蔵〕をもとに作成）

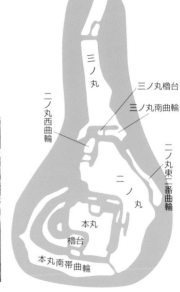

三ノ丸

三ノ丸櫓台

三ノ丸南曲輪

二ノ丸西曲輪

二ノ丸東二番曲輪

二ノ丸

本丸

櫓台

本丸南帯曲輪

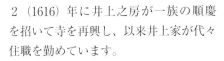

上左：光円寺／上右：浄
蓮寺
下左：大日寺／下中：大
日寺境内の圭頭墓。上部
が山形にとがり、下部に
蓮の花が彫られているの
が特徴／下右：常夜灯

2（1616）年に井上之房が一族の順慶を招いて寺を再興し、以来井上家が代々住職を勤めています。

　大日寺の創建は江戸初期で、宝永2（1705）年に浄蓮寺の末庵となり、現在は浄土宗の寺院です。境内には、戦国末期から江戸中期にかけて多く建てられた、武家の墓の一形式である圭頭墓（けいとうぼ）があります。また、城主の一族である井上五郎衛門の墓もあります。

　宿場の東側出入口である東構口は、田町の海蔵庵境内に名残を留めています。海蔵庵は天和3（1683）年、田町に火災・病人が多数出たことから、山寺にあった観音寺を海蔵庵と改称して現在地に移転させました。現在は浄蓮寺の末庵となっています。

　常夜灯は嘉永2（1849）年、航海安全を守る灯台として黒崎湊の入口に建立されたもので、基礎部分には船庄屋や船頭たちの名前が刻まれています。現在は「田町歴史の径（みち）」広場に、元文3（1738）年建立の「城石村開作成就の碑」と一緒に展示されています。

　黒崎湊は、小倉湊とともに九州で二カ所の、大坂と九州を結ぶ乗合貨物船の発着湊で、九州諸藩の参勤交代の際にも利

東構口跡

左上：黒崎湊／右上：「五卿上陸地」碑／左下：末松商店
右下：解体前の桜屋（昭和55年）

用されました。現在は埋め立てられてお
り、元治2（1865）年の三条実美以下五
卿上陸の記念碑が黒崎湊跡の洞海湾側に
建っています。

　御茶屋（本陣）は藩主の別邸で、福岡
藩主はもとより長崎奉行の役人や諸大名
が宿泊していました。管理は代官ですが、
接待などは「御茶屋守」と称する町茶屋
主人があたっていました。現在、御茶屋
跡地にはコンビニエンスストアが建って
います。

　町茶屋（脇本陣）は御茶屋の補助的休
泊施設で、黒崎宿には関屋（富田家）と
八幡屋（石井家）がありました。町茶屋
の建物は個人が提供し、「町茶屋守」に

任命されて預かる藩管理施設で、空いて
いる時は一般の旅人も宿泊できました。
跡地には大正8（1919）年頃に建築さ
れた鉱滓煉瓦造二階建の末松商店があり
ます。同商店は、石炭供給、煙草販売な
ど多様な業務を行っていましたが、その
一部が発展し、現在のニビシ醤油となっ
ています。

　桜屋は旅籠のひとつとして文化5
（1808）年頃に創業し、薩摩藩・熊本藩
・佐賀藩の定宿として利用され、西郷隆
盛や坂本龍馬なども立ち寄っています。
現在はマンションとなっており、一階ロ
ビーには桜屋跡の記念碑があります。ま
た、八幡西図書館に桜屋の離れ座敷の一

左上：紅梅地蔵／右上：人馬継所跡
左下：芭蕉塚／右下：春日神社

部が移築されており、市民のくつろぎの場所となっています。跡地北側の公園には、五卿にまつわる歌碑が２基あります。

人馬継所は宿における人足や馬の中継所で、引き継ぎ事務のほか、駕籠の乗り継ぎや馬の世話などを行っていました。跡地には石碑が建っており、向かい側には旅人や物資の取り締まりを行う関番所がありました。

浄蓮寺は江戸時代初期に中興開山された浄土宗の寺で、穴生弘善寺の末寺です。境内には、花尾城主・麻生上総介重郷の側室であった紅梅姫が正室の強い嫉妬などにより自害し、その供養のために建立されたといわれる紅梅地蔵があります。また、芭蕉翁碑は元禄９（1696）年、松尾芭蕉三回忌に際して建立された碑です。芭蕉に関するこのような碑は、全国

に数カ所あるといわれています。

春日神社は藤田地区の氏神で、主祭神は天児屋根命ですが、創建時期はわかっていません。慶長９年、黒崎城築城時に井上之房の命により上ノ銘（現在の花尾中学付近）から当地に移されました。また、黒田長政の霊を祀ったことから黒田宮ともいわれ、江戸へ往来する藩主は必ず参拝しました。元禄14年奉納の鳥居があり、正面額には「春日神社　祇園神社　山王神社」と刻まれています。社殿の前には文久２（1862）年に遠賀鞍手郡代役所が奉納した狛犬もあります。また、市指定有形文化財である福岡藩絵師・尾形洞霄作「絹本著色黒田二十四騎画像」と「波多野家文書」を所蔵しています。

東光庵は花尾城主・麻生氏の寺で東光

（左から）東光庵／正覚寺／代官所跡に立つ石碑

寺といわれ、現在の桃園運動場付近にありましたが、江戸時代に現在地へ移転しました。

正覚寺は永禄7（1564）年、花尾山山麓に開山、寛永4（1627）年、当地に移転した浄土真宗本願寺派の寺院です。入口には親鸞聖人の像があります。

寛永15年に代官所が設置され、年貢の取り立てと駅務を行うために代官と下代（野口・久芳・村上氏）が常勤していました。跡地には代官所跡の石碑が立っています。

■熊手地区

黒崎宿の西側は熊手地区で、宝永元（1704）年に市が立つようになりました。郡役所の記録によると、遠賀郡、鞍手郡、嘉麻郡、穂波郡、宗像郡の村人たちは小倉に行かずに黒崎で用を足すようになりました。上市と下市の地名はこの市に由来します。

明治22（1889）年に鳴水村、熊手村、藤田村、前田村の4つの村が合併して遠賀郡黒崎村となり、明治30年に黒崎町、大正15年に八幡市と合併しました。旧黒崎幼稚園の場所に町役場があり、その後も八幡市役所黒崎支所、八幡区役所黒崎出張所として昭和49（1974）年の八幡

左：熊手銀天街の興玉神。道の守り神として祀られている
右：戦前の熊手商店街（個人蔵）

Column

縄文海進と貝塚

黒崎貝塚は縄文時代後期の貝塚で、JR黒崎駅から南西約400mの撥（ばつ）川横にあります。現在では洞海湾岸から1km離れていますが、5000年前には海に面していました。これまで5次の発掘調査が行われ、カキ、ハマグリ、アサリ、サザエなどの海水性の貝と、カワニナ、シジミなどの淡水性の貝も出土しています。

洞海湾は現在よりも3kmさらに奥まった金山川脇の永犬丸貝塚からも海水の貝が出土しています。また、遠賀川も今よりかなり奥まで海水が入っていたようで、古遠賀湾と呼ばれます。現在の河口より13km先の楠橋貝塚や寿命（じめ）貝塚からも、海水性のハマグリ、カキなどとともに淡水性のシジミなどが出土しています。

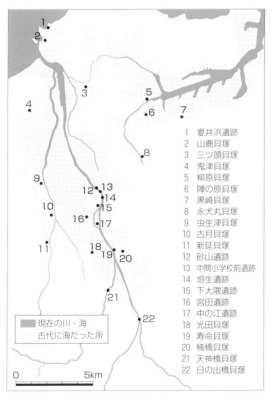

1　夏井浜遺跡
2　山鹿貝塚
3　三ツ頭貝塚
4　鬼津貝塚
5　柳原貝塚
6　陣の原貝塚
7　黒崎貝塚
8　永犬丸貝塚
9　虫生津貝塚
10　古月貝塚
11　新延貝塚
12　砂山遺跡
13　中間小学校前遺跡
14　垣生遺跡
15　下大隈遺跡
16　宮田遺跡
17　中の江遺跡
18　光田貝塚
19　寿命貝塚
20　楠橋貝塚
21　天神橋貝塚
22　日の出橋貝塚

現在の川・海
古代に海だった所

0　　　　5km

左：古遠賀湾・古洞海湾と縄文遺跡（『北九州市史』総論　先史・原史〔北九州市、1985年〕をもとに作成）／右：（上から）黒崎貝塚跡／永犬丸貝塚跡／永犬丸貝塚の発掘調査（昭和44年）

岡田神社
左上：拝殿
右上：御神木の銀杏
左下：黒崎十二景句碑
右下：三条実美歌碑

西区役所発足まで使用されていました。

興玉神は永禄8（1565）年に伊勢国から猿田彦大神を勧請して建立されました。

岡田神社は神武天皇、崗県主の祖・熊襲ゆかりの神社で、熊手地区の氏神です。慶長8（1603）年に熊西から現在地に遷座しました。御神木の銀杏は御遷座記念に植えられたもので樹齢400年を超えています。現在の神殿は享保3（1718）年の造営です。三の鳥居は元禄13（1700）年に建立され、大田南畝の『小春紀行』にも「宿の右に鳥居ありて岡田宮という小額あり」と書かれています。拝殿の扁額は宝永4（1707）年、貝原益軒の書です。当時の宮司が貝原益軒に師事しており、黒崎に来た時に揮毫

してもらったといわれています。境内の黒崎十二景句碑には、松尾芭蕉高弟の各務支考、向井去来、広瀬惟然、志太野坡と黒崎宿の俳人たちの合わせて十二の俳句が刻まれています。当時の黒崎宿の文化人と蕉門との交流が偲ばれます。また、三条実美の歌碑があり、「玉ちはふ　神し照らせば　世の中の　人のまごころ　かくれやはする」と刻まれています。この和歌は、元治2（1865）年1月、黒崎宿に宿泊した時、岡田神社に参拝し、再起を誓い奉納したものです。

西構口跡には、かつて構口があった場所付近に、その記念碑とともに構口をモチーフにした説明版が設置されています。

西構口から木屋瀬宿方面に長崎街道を進むと撥川にあたります。そこには乱

Column

洞海湾沿岸の塩作り

　昔は、洞海湾沿岸部の各所で塩作りが行われていました。黒崎貝塚や穴生（あのお）の諏訪（すわ）遺跡、若松区の日吉神社遺跡、戸畑区の初音遺跡などです。古墳時代、瀬戸内海西部から九州の製塩土器（塩を作る土器）は、棒状の長い脚が付いていました。これを砂浜に差し込み、天日で塩を作っていました。

　その後7世紀頃になると、脚がなくなって丸底になります。浜辺などで石を囲って炉を造り、木をくべて海水を煮沸して塩を作ることで大量生産が可能になりました。

　脚付きから丸底への変化が西日本で最も早かったのが黒崎貝塚で、6世紀後半頃には丸底になっています。その背景には、ヤマト王権が革なめしや鉄の生産のために大量の塩を必要としたことがあります。そして奈良の平城京からも、この黒崎貝塚の製塩土器が出土しています。

復元された浜田遺跡（若松区）の製塩炉（北九州市埋蔵文化財調査報告書第142集『浜田遺跡・脇ノ浦遺跡・こうしんのう2号墳』〔北九州市教育文化事業団、1994年〕より）

橋が架かっています。黒崎宿の町茶屋を経営していた関屋沙明が江戸時代初期に詠んだ句の中に、この橋の名が出てきます。「ほたる飛ぶ　松のはずれや　乱れ橋」

　黒崎歴史ふれあい館は、JR黒崎駅西側、コムシティ1階にあります。古くから八幡に伝わる歴史的・考古学的な学術資料及び郷土資料などが展示されており、黒崎宿だけでなく八幡西区の歴史を実物を通じて感じることができます。開館時間は午前9時から午後6時、年末年始は休館です。

左：西構口跡／右：撥川に架かる乱橋

曲里の松並木

2 長崎街道と曲里の松並木

　江戸時代の主要な道路として、五街道（東海道、中山道、日光街道、奥州街道、甲州街道）とそれに接続する脇街道があり、長崎街道は九州における主要な脇街道でした。57里（約224km）のこの街道には25カ所の宿場があり、このうち福岡藩内の黒崎、木屋瀬、飯塚、内野、山家、原田の各宿は「筑前六宿」と呼ばれ、大変な賑わいを見せていました。また、当時の鎖国体制の日本で、外国との文化交流や通商の窓口である長崎から西洋の文化や新しい技術などを国内に伝える文明の道として重要な役割を果たしていました。参勤交代の大名や長崎奉行だけでなく、伊能忠敬やシーボルトのほか、幕府に献上される象や孔雀などの動物もこの長崎街道を通りました。

　江戸幕府は全国の街道に松や杉の木を植えたため、福岡藩もそれに倣い、大蔵から木屋瀬まで松の木が植えられていたことが絵巻や古写真で確認できます。その後、道路の拡幅や市街地化に伴い大部分が消滅してしまいましたが、黒崎地区の約300mの「曲里の松並木」が当時の面影を留めており、江戸時代からの松が2本残っています。

　幸神は、曲里の松並木の外れに道中安全の神として祀られています。江戸時代はわらじ替え所（休息所）として利用され、今でもたくさんのわらじが納められています。神社の前には江戸時代からの松が1本残っています。

　幸神には一里塚もあります。一里塚とは旅人の行程の目安として一里ごとに設けられた塚で、松などの木が街道の両側に植えられていました。

上左：幸神
上右：幸神の一里塚。
黒崎宿と木屋瀬宿の間
（約14km）には計4つ
の一里塚があった

一宮神社。右の磐境は古代の祭場跡

　八幡西警察署前の御手洗公園に隣接して帆柱四国霊場88番札所がありますが、昭和25（1950）年までここには諏訪神社と大歳神社がありました。大歳神社は、貞元の湊地区に鎮座していましたが、大正6（1917）年、行部田（現在の御手洗公園敷地）の諏訪神社の隣地に移転しました。なお、両社は昭和25年、一宮神社に合祀されています。

　一宮神社は、昭和25年に天忍穂耳命を祀る神武天皇ゆかりの王子神社と大歳神社、諏訪神社の3社を合祀し、社名を故実に則り「一宮神社」としました。熊西地区の氏神です。境内社・蛭子神社前の狛犬は安政6（1859）年の奉納です。一の鳥居の後方には、万延元（1860）年に奉納された石灯籠があります。二の鳥居は天保15（1844）年に建立され、額には「王子宮」と書かれています。また、鳥居の南側には神武天皇が祈ったといわれる磐境があります。考古学的にも

貴重な資料で、いかに古くからの社であったかを物語るものです。社殿の東には明治19（1886）年建立の大歳神社の鳥居が移築されています。

　終戦後の昭和22年11月12日、占領軍の米軍パイロットだったロドニー・ニコルソン中尉は、黒崎上空を飛行中に故障に気づき、住宅地に墜落するのを避けるために最後まで操縦し殉職しました。地元住民は、彼の人道的行為を讃え、翌23年に慰霊碑を建設しましたが、その後の都市再開発により平成元（1989）年、熊西緑道内に鉄鋼彫刻で再建されています。

ニコルソン中尉の慰霊碑

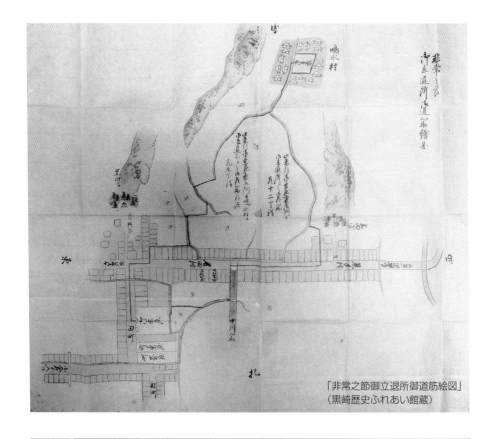

「非常之節御立退所御道筋絵図」
(黒崎歴史ふれあい館蔵)

3 黒崎宿災害時の避難先・鳴水

　黒崎宿で火災や流行病が発生した場合、御茶屋（本陣）から隣接の鳴水村の御立退所まで避難することが決められていました。元和・寛永年中（1615～44）の「非常之節御立退所御道筋絵図」には、状況に応じて即選択できるよう、表門と裏門からの２つの経路が朱色で示されています。

　黒崎宿周囲には、前田村の枝村であった18戸の和井田、熊手村の枝村であった16戸の山寺（昔は本村）、15戸の貞元と

いう集落がありましたが、元文年間（1736～41）に熊手村から別村となった25戸の鳴水村が、規模は小さいものの村として避難所に選定されています（戸数は明治初期編纂の『福岡県地理全誌』による）。

　貴船神社は鳴水地区の氏神で、創建時期はわかっていませんが、本来は古海彦左衛門という人物の霊を祀る神社でした。御祭神は高淤加美神・闇淤加美神で、江戸時代前期に京都の貴船神社を氏神とし

貴船神社。右は神石
の「二つ石」

平等寺。右は太子堂の弘法大師像

て勧請しました。神社の鳥居下の神畝に
ある２つの石は、彦左衛門が新田開発の
指揮を執った所といわれています。境内
には慶長12（1607）年に死去した福岡
藩士・時枝平太夫重記夫妻の供養塔があ
ります。

　平等寺は創建不詳ですが、本尊は観世
音菩薩（伝行基作）で、建久5（1194）
年に麻生氏によって再建されと伝えられ
ます。その後、宝暦4（1754）年に黄
檗宗に改宗しました。扁額「平等寺」は
広寿山福聚寺の即非禅師の揮毫です。境
内には帆柱四国霊場3番札所となってい
る太子堂があり、本尊の弘法大師像の台
座には天保4（1833）年と刻まれてい
ます。また、寛政12（1800）年銘の大
乗妙典六十六部供養塔もあります。

　鳴水郵便局前の道は、仰星学園高等学
校から黒崎中学校の西側まで真っ直ぐに
延びていますが、これは西海道の跡です。

この西海道は、飛鳥時代から平安時代前
期にかけて日本全国で整備された古代道
路のひとつで、障害物のない所ではほぼ
一直線に造られています。ここは市内で
唯一、当時の直線的な官道を実感できる
場所です。特に西鳴水公園西側の階段を
登って東側を望むと、真っ直ぐに延びる
道を見ることができます。この道の地下
には、世界文化遺産となった官営八幡製
鐵所遠賀川水源地ポンプ室からの工業用
水が今も製鉄所まで流れています。

真っ直ぐに延びる西海道跡の道

左：花尾城の石の階段／右上：大堀切／右下：井戸の跡

4 麻生氏の城・花尾城とその周辺史跡

　西鉄バス停の花尾東登山口が、花尾城祉への登山口です。花尾城は標高351ｍの花尾山山頂に本丸があり、最近市の発掘調査によりその概要が明らかとなっています。東西に細長く延びる全長約700ｍ、南北約200ｍの尾根筋に、本丸となる主郭から東側へ出丸・大堀切・馬場・小堀切・櫓台を築き、西側には二の丸・三の丸・四の丸・櫓台を築いています。

　この花尾城の見所は、出丸北斜面の2列の石塁（石の階段といわれています）及び石塁北端内の一辺が2ｍ、深さ3ｍほどの井戸といわれる遺構、曲輪周辺斜面に構築された80本の竪堀群、そして県内戦国期城郭の中で最も石垣が構築されているところです。また、出土遺物は15世紀から16世紀のものがほとんどで、文献資料もこれに合致しており、宇都宮氏がこの地にやってきた鎌倉時代の築城とは断定できません。

　鎌倉時代の初め、関東御家人・宇都宮氏が、平氏方の旧領地・山鹿荘を与えられて山鹿氏を名乗りました。建長元（1249）年、2代時家が次子・資時へ、戸畑にあった麻生荘などの地頭代職を譲った頃に庶子家の麻生氏が生まれたと考えられています。その後、惣領家の山鹿氏は、南北朝動乱期に反武家方となり衰亡し、庶子家の麻生氏が遠賀郡を実質的に支配しました。

　この花尾城を舞台にした華々しい戦の話が、江戸時代の『麻生物語』『九州軍記』『筑前国続風土記』などに描かれていますが、いずれも時期の違いや実態のないものです。有名なのは、弓の上手が敵陣に矢を射かけた「麻生の八張弓」、水攻めにまつわる「馬の白米洗い」、兵糧攻めにまつわる「陣中見舞い」、「荒馬大明神」などです。

　花尾城の南に位置する帆柱山城は、山

左上：帆柱山城の石垣／左下：帆柱
山城主郭部出土の青花磁器片（個人
蔵）／右上：河頭山の忠孝の碑／右
下：花尾山山麓にある四十七士の墓

鹿家政が築城し、後に麻生氏の抱城と（かかえじろ）なったといわれていますが、その真偽は定かでありません。主郭は標高488mの山頂に位置し、主郭の東尾根筋に3本の堀切と、土塁を伴う小曲輪などが残っています。主郭から西に延びる約400mの尾根上に曲輪が階段状に連なっていて、西の出丸跡には曲輪の縁に土留めのための石塁が残っています。また、主郭から「天下太平」の文字が入った、中国景徳鎮で焼かれた青花磁器の破片が採集されています。この文字が当時の日本人に好まれ輸入されたもので、越前朝倉氏の一乗谷遺跡、天正年間（1573〜92）の姫路城跡などからも出土しています。

花尾城の北にある河頭山（ごうとう）と花尾山は戦前、尊王愛国心に燃える木村孔邇（こうじ）の持ち山でした。木村はアジア主義者の頭山満（みつる）に弟子入りし、自由民権運動の結社

「玄洋社」の社員でした。河頭山には、木村製作の「忠孝の碑」と呼ばれる、頭山満揮毫の「忠孝」の文字が彫られた巨石があり、木村の志が偲ばれます。

花尾山山麓には、四十七士の墓標が建っています。この墓標は昭和9（1934）年、枝光の当時芳賀公園と呼ばれていた公園内に埋まっていた四十七士の墓標を、木村の会社が発掘したものです。また、木村は墓標移転に伴い、芝高輪の泉岳寺に出向き、住職より墓所の絵図面と義士それぞれの墓標直下の土をもらい受け、絵図面通りに墓標と土を配置しました。木村は毎年12月14日に盛大な義士祭を催し、参詣者には義士なじみの蕎麦を無料で接待し、討ち入りを偲んだといいます。今でも訪れる人が絶えない場所です。

弘善寺。上は境内にある井上之房の
夫人と娘の墓

5 古代は潟が広がっていた穴生地区

　古代の穴生地区は、洞海湾の奥深くの湿地帯が続く地域で、穴生潟と呼ばれました。近年の発掘調査で縄文時代から室町時代までの生活痕跡や「乙一」と墨書された須恵器などが発見され、官庁的な施設があったことが窺われます。また、江戸時代の元禄年間（1688〜1704）には開作されて水田が広がり、明治初期には鷹ノ巣など6つの集落があり、82戸、392人が住んでいました。

　穴生地区の西側丘陵地帯の裾に、浄土宗の弘善寺があります。この寺は大永年間（1521〜28）に念誉という僧によって開かれ、京都知恩院に属しています。開基後、黒田二十四騎のひとり井上周防之房によって再興され、寺領23石、山林2万5000坪を与えられたといいます。

　井上之房は、天文23（1554）年、播州（姫路）に生まれ、黒田職隆（黒田孝高の父）に仕えます。その後、黒田孝高（如水）、黒田長政の家臣となり、筑前に入国します。筑前入国の後、1万6000石余を賜り、黒崎城を築いて城主になりました。黒崎城は「道伯城」とも呼ばれていましたが、これは之房の隠居名をつけたものです。

　弘善寺境内には、井上之房の夫人と娘の墓があり、之房夫妻の彫像も残っています。夫人は、播州志方城主・櫛橋氏の娘で、黒田孝高正室の兄の娘にあたります。元和4（1618）年8月23日に没し、弘善寺に葬られました。また娘は、黒田長政の従兄弟の黒田修理正基に嫁ぎましたが、若くして死別、その後元和4年4月4日に死去し、母と一緒に葬られています。

　また、明治5（1872）年の学制発布により、明治7年2月、弘善寺境内に穴生小学が開校しました。穴生小学は、明治元年に黒崎岡田神社の神官・波多野直足（号を鷺山という）が開いた私塾・鷺山学舎を前身としており、下等小学（1

Column

室町時代の塚か、古代の円墳か ── 聖塚

　本陣橋（次頁）から北へ進むと、赤坂小学校西側の丘陵地に円墳状の聖塚があります。室町時代、夜越（よごし）といわれるこの地は、人里離れた淋しい場所で、通りかかった高野山の修行僧が賊に襲われ殺されました。その後、怨霊が現れ通りかかる人々に祟ったので、村人たちが塚を造り供養したところ収まり、いつしか聖塚といわれるようになりました。古墳時代の円墳である可能性もあります。

聖塚。小さな祠が
祀られている

～4年生）で年齢6歳から9歳まででした。開校当初は男子58名、女子2名の計60人で、教員は1人でした。その後、明治26年に引野校と統合されて上津役尋常小学校が開校し、穴生小学は廃校となりました。戦後の住宅地化により昭和27（1952）年に穴生小学校が開校するまで、穴生地区の児童は上津役小学校へ通学していました。

　弘善寺がある丘陵の南側に、鷹見神社があります。初めは諏訪山（すわ）にあり、権現山の鷹見神社（83頁）の下宮でした。江戸時代に入ると井上之房によって古屋敷に移され、宝永5（1708）年に現在地に遷座し、今は本宮となっています。

左：弘善寺境内に立つ穴生小学跡の碑
右：鷹見神社

（左から）旗頭神社／九州電気軌道の境界石／井上之房屋敷跡の舎月庵

⑥ 武内宿禰の陣営地と伝わる陣原

　陣原は、応神天皇に筑紫の人民視察を命じられた武内宿禰がこの地に陣を構えたことに由来するといわれています。

　旗頭神社は、国道脇の陣原五丁目にあります。明応・永正年間（1492〜1521）、花尾城主・麻生興春が山鹿城へ移る途中、陣原で休憩して花尾城を望みながら、美しいこの亀山の地が気に入り、死んだらここに葬ってほしいと旗を差し立てて標としました。大永2（1522）年、興春の遺志に従って神社が創建されました。慶長11（1606）年、黒崎城主・井上周防之房は、武内宿禰の徳を敬慕していたため社殿を再興し、之房が陣原に住まいを移した頃、陣原の産土神としま

した。現在の社殿は、文久2（1862）年の造営といわれています。境内の北側道路隅に、なぜか九州電気軌道の境界石が残っています。

　神社の北東に、寛永6（1629）年に井上之房が創立したといわれる舎月庵があります。ここは元和元（1615）年に之房が黒崎城から移り住んだ屋敷の跡です。

　庵から北東へ進むと本陣橋に着きます。その名称は本城の本と陣原の陣からきたもので、袂には大正13（1924）年竣工の旧橋柱が保存されています。その上流、金山川と堀川が合流する地点は、明治時代の終わり頃に木橋が架けられるまで陣原村と対岸の本城村を結ぶ渡し舟の発着場があった所です。なお、ここは淡水と海水が交わる場所で葦が生い茂っていたため魚も多く、四つ手網の漁師小屋が点在していました。また、ここでは旗頭神社のお汐井とりが行われ、幟旗が掲げられていたため、今も明治38（1905）年と刻まれた幟石が残っています。

左：旗頭神社の幟石
右：本陣橋の袂に保存されている
　　大正13年竣工の橋柱

7 中世の墓地群と城があった本城

　国道199号線脇にある八剣神社の御祭神は、日本武尊です。当神社の由緒として、日本武尊が熊襲征伐の時にこの地に立ち寄り、神功皇后もこの地で武運長久を祈ったことから、貞元元（976）年に祠を建てたとする説があります。また、源平合戦の際、源三河守範頼がこの地に本城城を築き、尾張の熱田神宮より剣大神を勧請したのが始まりだとする説もあります。洞海湾沿岸には神功皇后伝説が多く残っており、それらとの関わりも考えられます。

　神社の南西側、道路を挟んである公園が力丸遺跡で、昭和52（1977）年に発掘調査されました。平安時代中期～鎌倉時代後期にかけて造営された中世墓地群です。五輪塔や板碑などが見られ、火葬された人骨や中国製の青磁・白磁碗なども出土しており、荘園関係者などの階層が想定されます。

　蛭子谷城（本城城）は、現在本城霊園になっている小高い丘の上にあったとされ、周囲は沼や池で囲まれた要害の地であったとされています。平安時代末期の寿永年間（1182～85）に平氏を追ってきた源三河守範頼が本陣（のち本城城となる）を構えた所とされ、これが本城という地名の由来といわれています。また、山鹿荘の本庄があったことによるという説もあります。

　本城から南東方向に陣原という地名がありますが、この場所は源範頼軍と、平氏に味方した香月氏が戦った古戦場に由来するとも伝えられています。

左下：蛭子谷城（本城城）跡。本城霊園建設のため城跡はほとんど消滅している
右上：八剣神社
右下：中世の墓地群とされる力丸遺跡。遺跡の一部は公園として整備されている

8 「ねじりまんぽ」のあるまち・折尾の交通施設群

起伏に富んだ地形を持つ折尾地区は、古くから交通の要衝でした。かつては遠賀郡の郡役所が置かれ、また明治期に建てられた折尾警察署の庁舎が折尾愛真学園の建物として現存、国登録文化財となっています。

折尾駅南側に残る堀川は江戸時代に遠賀川と洞海湾とを結ぶ人工河川として開削され、近代には石炭輸送で活躍しました。近隣に残る堀川疎水碑にこれらの経緯が記されているほか、炭鉱にも縁深い県立折尾高等学校の校舎敷地には石炭輸送に活躍した川ひらた（県民俗文化財）が保存され、また堀川沿線には川ひらたを係留する舫石が残っています。

折尾南側の大膳地区は堀川掘削当初の責任者・栗山大膳の名をとったものですが、ここには昭和19（1944）年8月の空襲時にB29爆撃機に体当たりし亡くなった特攻勇士の碑が建立されています。

この堀川での石炭輸送が許容量を超えたため、明治24（1891）年に開通したのが筑豊興業鉄道による鉄道線（現在のJR筑豊本線）で、この路線と都市間交通を担った鹿児島本線とが交差する位置に建てられたのが折尾駅です。明治28年に両路線の共同駅舎が設置されたのち、大正5（1916）年に木造2階建ハーフティンバー風の駅舎が建てられました。令和2（2020）年現在、折尾駅舎は改築工事中ですが、完成時には大正5年時点の駅舎外観が復元される予定です。

上：旧折尾警察署庁舎（折尾愛真学園記念館）／下左：川ひらた（福岡県立折尾高等学校蔵）／下右：堀川運河と折尾駅（右奥）

左：戦前の折尾と駅舎（絵葉書、個人蔵）／右：かつての立体交差部

左上：調査時に明らかになった折尾駅の待合室天井（平成25年2月撮影）／左下：九州電気軌道高架部を活用したモニュメント／右：かつての折尾駅舎（平成19年3月撮影）

折尾駅前には一風変わった鉄道高架橋が残っています。3連アーチ橋のうち東端のアーチ内部の煉瓦がねじれるように螺旋状に積まれているのです。これは煉瓦アーチ橋に対してななめに道を通す際、上部からの荷重を均等に分散するための「ねじりまんぽ」工法で、国内では現存数が限られたものです。高架橋自体は大正3年に筑豊電気鉄道の黒崎～折尾間開通の際に造られたもので、将来電車線の福岡方面延伸を見越し、高架橋となったといわれています。

九州電気軌道折尾高架橋ねじりまんぽ（平成23年11月撮影）

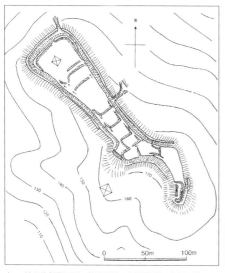

左：竹尾城縄張図（福岡県の城郭刊行会編『福岡県の城郭　戦国城郭を行く』〔銀山書房、2009年〕より）
右上：竹尾城の横堀／右下：市ノ瀬城跡

9 麻生氏の支城・竹尾城と金山跡

　上上津役にある熊野神社北東の丘陵頂部（標高174m）に主郭を置く竹尾城は、麻生左衛門大夫鎮里の居城とされます。鎮里は大友方として活動していましたが、永禄10（1567）年に毛利方の宗像氏貞の援軍を受けた花尾城督の麻生隆実に攻められ、毛利方になりました。

　竹尾城の主郭は南北約40m、東西20mで、麻生氏関係の城では最大です。また、北西側に延びる尾根に階段状に築かれた曲輪群全体を横堀で厳重に防御するなど、特異な山城です。

　竹尾城の北、割子川向かい側の標高131mの丘陵上に市ノ瀬城があります。『筑前国続風土記』には、香月五三郎則村が築いた居城で、後に麻生氏の邑城と

なったと記されています。また、南北朝時代、懐良親王にお供してきた勅使・河原小三郎を香月氏の養子に迎え入れ、香月五三郎則村と名乗らせた、ともあります。遺構は堀切、主郭、帯曲輪のみで、全体で50m四方にも満たない城です。

　熊野神社は、昔は下上津役にありましたが、天正年間（1573〜92）に竹尾城主・麻生鎮里が現在地に移し、城の鎮守としました。その後、寛永年間（1624〜44）に黒崎城主だった井上周防之房の家臣・頭山正利が社殿を再建しました。境内には、元禄13（1700）年建立の鳥居、慶応3（1867）年建立の石祠、宝暦4（1754）年建立の猿田彦大神があります。

　熊野神社西側の浄土宗称養寺の本堂裏

（左から）熊野神社／称養寺／頭山次郎兵衛正房の墓

左：帆柱新四国霊場60番札所。右の階段を上ると金山（右上の写真）がある／右下：無量寺

には、頭山次郎兵衛正房の墓があります。正房は井上之房の家臣で、上上津役で320石を得た地頭でしたが、寛永15年に島原の乱で戦死しました。

　無量寺は、上上津役五丁目の足水にあります。竹尾城主・麻生氏の祈願所で、かつては石割谷にありましたが、麻生氏没落後は小堂となり、文化年間（1804〜18）に現在地へ移されました。昔は藤の花で有名でしたが、現在は帆柱新四国霊場の63番札所で、境内には五輪塔や宝篋印塔の一部が保存されています。

　無量寺横の都市高速道路東側に山ノ手水道道があります。その道を畑貯水池方面へ行くと金山川の源流が流れている谷にあたり、これを源流に沿って登っていくと帆柱新四国霊場60番札所があります。

　この札所から右側の石段を登ると金山の坑口が現われます。入口から8.5mの地点で左右に脇坑道がありますが、いずれも2mと5mの所で掘り止められています。本坑道はさらに約40mの地点まで掘り込んでいますが、天井からの湧水が激しく、これが掘り止めた要因であると思われます。坑内の断面は、幅約1m、天井高は平均1.3mです。なお、落石もあるので、中には入らないで下さい。この金山は、福岡藩が元和年間（1615〜24）に開発したもので、市内には香月地区の畑にも残っています。また、寛永4（1627）年の幕府密偵報告書に記載されています。

左：涼天満宮／右：やから様

⑩ 長崎街道筋の上津役村役場跡と寺社

　長崎街道に面した上の原一丁目地内に菅原神社があり、涼天満宮と呼ばれています。菅原道真が大宰府へ配流の途次、ここにあった松の木陰で休息したといわれています。境内には「かね懸けの松」と呼ばれる大きな松がありました。長崎の住人である熊部新治郎が京へ行く途中、この天満宮で憩い、松の枝に大金の入った袋を懸けたまま置き忘れて出発しました。下関まで行ってそれに気づき、引き返したところ、もとのままにあったため喜び、石鳥居を奉納して神恩に感謝したそうです。

　また、神社から南側の国道沿いには「やから様」が祀られています。源平合戦で敗れた平家の女性が幼子を抱いて、ここを通りかかりました。そこに追っ手である源氏の伊藤兵衛尉が迫ったので、夜泣きする幼子とともに女性は生命を絶ったといわれています。里人は冥福を祈って祠を建て、以後、夜泣きする幼児を

持つ親がこの祠に願かけをするようになりました。

　長崎街道を黒崎方面へ行くと割子川があります。その手前に市ノ瀬公民館があり、芳賀浩太郎の碑が建てられています。明治22（1889）年の町村制実施により、上津役村が誕生しました。芳賀浩太郎の父は福岡藩馬廻組の武士でしたが、明治時代に上津役に移住しました。その子の浩太郎は引野小学校の教員になり、その

上津役村初代村長・芳賀浩太郎の顕彰碑

左：「旧上津役出張所跡」碑／右：下関要塞地帯標石（黒崎歴史ふれあい館蔵）

左：鷹見神社の遙拝殿／右：鷹見神社本宮

後、上津役村の初代村長になりましたが、過労のため没しました。また、公民館の場所にはかつて役場があったため、上津役村役場（出張所）跡の碑も建てられています。

　割子川を上流に向かって歩くと、帆柱　新四国霊場85番札所となっている割子川観音堂があります。以前ここに、明治32年9月に陸軍省が設置した下関要塞地帯標石がありました。戦争中は、皿倉山〜尺岳の山岳地帯から麓の上津役までが要塞地帯に指定されていました。なお、要塞地帯標石は現在、黒崎歴史ふれあい館に展示されています。

　さらに、上流を目指すと荒河内の地に鷹見神社（一の宮）があります。ここはもともと本宮で、麻生氏が中門や回廊を建立し、3000石の神田を寄進したといわれています。また、永禄4（1561）年、大友氏の兵火にかかり社殿などが焼失しましたが、元禄年間（1688〜1704）に再興されています。遠賀川東40村の鎮守の総社で、秋の例祭には穴生下宮まで御神幸が行われました。上宮は権現山9合目の岩の上にあり、昔はその周辺に社僧6坊がありました。

　この鷹見神社の遙拝殿が長崎街道近くの割子川観音堂手前に建っていて、鷹見本宮までは遠く悪路であるため、旅人はここから遙拝していました。

左上：現在の畑貯水池／右上：湖底に沈む前の畑村（昭和28年頃、個人蔵）
下：（左から）湖底に沈んだ五輪塔／中世の墓跡／尺岳神社

11 畑貯水池の湖底に沈んだ村

　畑貯水池にウォーキングに訪れる人々のうち、湖底に沈んだ村の歴史に思いを馳せる人がどれだけいるでしょうか。現在、貯水池の周囲5.3kmは、古タイヤを再利用したゴム舗装の自転車・歩行者道路で、市民の憩いの場となっています。

　貯水池（ダム）は総貯水容量734万9000㎥で、遠賀川水系の黒川に設置された重力式コンクリートダムです。ます

渕ダム、頓田貯水池、松ヶ江貯水池、油木ダムなどとともに「北九州の水がめ」としての役割を果たしています。戦前、工場の集積による人口増加に対応して新たな上水道水源の確保を目指す八幡市と、鉄鋼生産の増強を目論む八幡製鐵所の共同事業として昭和14（1939）年11月に着工しました。戦況悪化や物資不足を受けて事業は一時中断、戦後再開されたも

（左から）畑城（伝二の丸地点）縄張図／畑城二の丸跡の石祠／釋王寺のお滝場

のの人手不足もあり囚人も動員され、昭和30年4月にようやく完成しました。現在は北九州市が管理していますが、貯水池は北九州市と日本製鉄の共有となっています。その水は直下の畑浄水場を通じて八幡西区南部へと給水されています。

なお、貯水池が建設されるまで、ここには古くは中世に遡ることができる畑村があり、昭和30年までに100戸を超える家や小学校などが移転しました。渇水期には棚田や道路、墓などの生活の跡が湖底から現れます。学校は明治5（1872）年に設立された畑尋常小学校で、昭和8年に池田小学校の分校、そして移転後、昭和55年に廃校となっています。その跡地は、現在畑キャンプセンターとして活用されています。

貯水池の南、周回道路から山を登ると、香月地区の国人領主であった香月氏が、戦時の際に使用した畑城があります。標高229mの山頂に主郭を築き、そこから畑集落に向かって北へ延びる尾根に二の丸を築いていました。現在、採石により大部分は消滅していますが、二の丸の一部が残され、石祠が祀られています。また、貯水池周りに五輪塔や中世墓がありますので、渇水時にご覧下さい。

畑キャンプセンター東側に、日本武尊（やまとたけるのみこと）を祀る尺岳から正徳2（1712）年に移した尺岳神社があります。境内には須賀神社も祀られており、夏の畑祇園で有名です。

北九州自然休養林のひとつ尺岳は標高608mで、畑集落は昔から尺岳登山道の表口となっていました。貯水池から県道61号線を東へ進むと、途中に通称「畑の観音」があります。正式名称は、音瀧山釋王寺（いんたきさん　しゃくおうじ）で、盲目になった姫の伝説から眼病に効験があるといわれています。堂裏手の滝は修行場として知られ、江戸時代には大干魃（かんばつ）の際、雨乞いが行われていました。

畑観音からさらに進むと、登山口の欅谷口（けやきだに）があります。尺岳山頂直下は大きな広場となっていますが、戦時中ここに照空陣地が設置されていました。今も登山道の道幅が広いのは、当時の軍用道路を転用しているからです。

12 長崎街道の難所・石坂と銀杏屋

　長崎街道の木屋瀬宿と黒崎宿の間に難所「石坂」があります。坂の南側に街道を遮断するように黒川が流れ、昭和63（1988）年に新設された石坂橋が架かっています。橋柱には殿様の籠を模したレリーフがはめ込まれ、橋の袂には旧橋の橋柱が残されています。文化元（1804）年、奉幣使のために初めて橋が架設されました。それまでは川の中の石伝いに渡っていました。

　川を渡るとすぐに石坂の急坂が現れますが、登り口の右側に天保6（1835）年に建立された興玉神があります。興玉神は、猿田彦と同様に古くから道の守り神として祀られてきました。石坂は、その名のごとく約200mあまりの岩盤の急坂で、人馬ともに難渋をしました。坂の途中に清水の湧き出る所があって、旅人の喉を潤したといわれています。湧水は今も現地に残っています。現在は、舗装整備された石段と手すりで登りやすくはなっていますが、急坂はそのまま残っています。

　石坂を登り切ると左手に立場茶屋「銀杏屋」が現れます。街道の難所であった石坂とアケ坂の途中に設置されており、大名をはじめ長崎奉行、巡見使、奉幣使らが休憩に使用しました。庭に大きな銀杏の木があることから「銀杏屋敷」と呼ばれていました。現在の主屋は、天保7年に火災で焼失した後に建てられたもので、一部2階建となっています。ま

上：当時の面影を残す石坂
左下：旧石坂橋の橋柱
右下：石坂の登り口にある興玉神

た、大名などが休憩した「上段の間」の天井裏はすべて壁土で覆われています。茶屋は、醬油醸造をしていた清水家より市へ寄贈された後に解体復元整備され、一般公開されています。館内には寛政9（1797）年の「永末諸記録」（清水貞治）があり、各大名が通過した際の興味深いエピソードが描写されています。

　銀杏屋で休憩・観覧後、黒崎方面へ進むと、街道沿いの左側高台に、寛延3（1750）年に建立された興玉神があります。街道はこの先、国道211号に吸収されますが、国道沿いに北上すると、都市高速道路の高架下に小嶺の一里塚跡があります。木屋瀬宿から黒崎宿までの間に設けられた4つの一里塚のひとつで、当時は塚に松の木が植えられていたそうです。

　木屋瀬宿から銀杏屋までの長崎街道の道筋は、現在も当時の姿が残されています。

上：銀杏屋。平成29年に県の史跡に指定された
中：銀杏屋上段の間の天井裏
下：小嶺の一里塚跡

🔢 香月・馬場山の寺社と大辻炭鉱

香月では古くから石炭が使用されていて、明治時代になるといくつもの炭鉱が操業しました。特に大きかったのは貝島氏が経営した大辻炭鉱です。しかし、昭和36（1961）年の坑内事故や石炭の斜陽化によって昭和40年に閉山し、多くの人々が香月を去っていきました。

炭鉱の遺産はほとんど残されていませんが、香月西一丁目の国道脇の森の中に炭鉱の山の神を祀っていた山神宮がひっそりと残っています。その鳥居は昭和9年に貝島百吉・嘉蔵・栄四郎・健次・太市などが建てたものです。

山神宮前の国道を挟んで東側丘陵地に藤寺として有名な吉祥寺があり、浄土宗第2祖の鎮西上人を祀っています。特に藤の花が咲く4月末には多くの参拝者で賑わい、最近は外国人も多く訪れるようになりました。境内には小倉藩の名医で

あった香月牛山の寿塔や分骨墓があります。本尊の木造阿弥陀如来坐像と裏山から出土した陶製経筒は市の文化財に指定されています。

九州最短路線であった香月線は明治41（1908）年に開業し、岩崎・新手を通って中間に客や石炭を輸送していましたが、昭和60年に廃線となりました。香月駅にあった時刻表や料金表などの資料が、香月市民センターの郷土資料室に展示されています。

香月市民センターから東側にある聖福寺は、延暦22（803）年、伝教大師の開基といわれ、当初は七堂伽藍が備わった大寺院であったといいます。香月城主の祈願所でもありました。本尊の聖観世音菩薩立像は仏師・慶雲の作といわれている秘仏で、白岩観音とも呼ばれます。境内の五重塔に納められていた銅製経筒

左：吉祥時の藤棚／右上：吉祥寺の香月牛山の寿塔／右下：山神宮

（左から）旧香月駅の駅名票／聖福寺／杉守神社の鉄の鳥居

左：香徳寺／右：大日堂

は、市の指定文化財となっています。

聖福寺から南、黒川を渡った先にある杉守神社は、古くから香月・畑・馬場山・小嶺4村の産神でした。昔は神幸があり、祭日は神楽や相撲で賑わいました。また、珍しい鉄の鳥居がありますが、これは弘治元（1555）年に芦屋の鋳工・須藤浄慶が造った鳥居を明治26年に再建したものです。日本武尊が熊襲征伐からの帰途、香月の小狭田彦の家に泊まったところ、花が香り、月が清い地であったため、香月の名が生じたといわれています。

神社から黒川を下流に下ると、河川敷に赤煉瓦造の橋台が見えてきます。これは大正4（1915）年、鞍手軽便鉄道が香月駅から野面まで開通させた鉄道の線路跡です。主に木屋瀬炭鉱産出の石炭を

運搬していましたが、昭和29年に廃線となりました。

神社から東側、馬場山東二丁目にある浄土宗の香徳寺は、雲取城主・麻生氏の菩提寺でしたが、麻生氏没落とともに荒廃し草堂となっていました。その後、文禄元（1592）年に徳川家康が肥前名護屋城に赴く途中、草堂内の阿弥陀如来のため存道上人を呼び寺を建てさせました。寺には家康との因縁を描いた「戎服騎馬の図」があります。

また、寺から南西の長崎街道筋には、大日堂があります。前述の存道上人は、そばにあった石の上に立ち、出発する家康へ十念を授けたため、村人はその石の上にお堂を建てました。

大日堂から木屋瀬方面へ行くと、茶屋の原の一里塚跡の碑があります。

左上：廣旗八幡宮／左下：帆柱新四国霊場46番札所の笠観音堂／右：江戸時代の一字一石塔

🔢 古代から連綿と続く楠橋の歴史

楠橋には縄文時代の楠橋貝塚や寿命貝塚があり、古くから人々が住んでいたことが知られています。また、古代・中世には楠橋荘があり、江戸時代には村の中を長崎街道が貫いていました。

楠橋小学校の西側に楠橋の産土神である廣旗八幡宮があります。天慶4（941）年に小野好古・源満仲が藤原純友を征伐するため楠橋に陣を敷き、廣旗八幡宮に戦勝祈願をしたといわれています。本殿は天保12（1841）年に起工され、翌年に遷宮、渡殿・幣殿・拝殿の3殿は弘化5（1848）年に完成しました。大工棟

梁は楠橋村の光長貞定らで、近世神社建築として市の文化財に指定されています。また、天平年間（1573〜92）に行基が楠橋村で大楠を倒して仏像を刻んで廣旗八幡宮に安置し、その余材で橋をかけたので、楠橋の地名が起こったと伝えられています。また、境内には楠橋小学校にあった奉安殿が移設されています。

八幡宮の西側、養鶏所北の帆柱新四国霊場46番札所となっている笠観音堂にまつわる民話が、楠橋村庄屋であった田代家の古文書に書かれています。雪が降る寒い冬、観音地蔵に雪が積もって寒そう

116

左：専福寺
右：佐藤慶太郎が大正11年に建
立した「高江炭坑死亡者碑」

だったので、通りかかった村人が地蔵に
笠をかぶせました。その後、観音地蔵は
お礼としてその村人の子供の病気を治し
たと伝えられています。境内には江戸時
代の一字一石塔があります。また、この
観音堂にはお抱え地蔵が祀られていて、
その重さで吉凶を占ったといわれていま
す。

笠観音堂の南にある浄土宗専福寺は、
もともと鎮西上人誕生の地・茶臼山の辺
りにありましたが、慶長年間（1596～
1615）に現在地に移転したといわれて
います。また、一説には寛文年間（1661
～73）に文通という僧が開基したともい
います。境内には佐藤慶太郎が大正11
（1922）年に建てた「高江炭坑死亡者碑」
が残されています。炭鉱では事故で死亡
する人が多かったので、その霊を祀った
ものです。

佐藤慶太郎は陣原の庄屋の家柄に生
まれましたが、苦学して明治法律学校に
学んだ後、若松の石炭商・山本周太郎商
店に就職しました。その後、独立して緑
炭鉱、大辻第4坑、高江炭鉱などを経営

して、石炭の神様といわれました。

専福寺から北西、筑豊電鉄筑豊香月駅
の南側丘陵先端に梅咲天満宮があります。
菅原道真がこの地に遊覧して、「いく程
か月の光の匂ふらむ　梅咲山の嶺のしら
雲」の歌を詠んだと伝えられています。

専福寺から南へ行った木屋瀬宿入口近
くの真名子地区には、昔長旅のせいか、
みすぼらしいお坊さんが村を通りかかり、
茶屋のおばあさんに饅頭を所望したが断
られ、その後に饅頭が石に変わったとい
う民話が伝承されています。その饅頭石
は真名子公民館で見ることができます。

梅咲天満宮

寿命の唐戸。右上は内部の様子。
現地案内板には断面図などととも
もに詳しい説明がある

15 堀川運河に残る寿命唐戸

　福岡藩初代藩主・黒田長政は、元和6（1620）年、遠賀・鞍手郡の水害防止、灌漑用水の確保、年貢米・石炭輸送の利便性向上を目的として、中間から洞海湾に通ずる約12kmの堀川水路開削を計画し、翌7年に着工しました。長政の死去などの諸事情により元和9年に工事は中断し、その後、6代藩主・継高（つぐたか）によって工事が再開されます。そして宝暦12（1762）年に全行程が完成し、中間の惣社山（なかま）に唐戸が設けられました。

　その後、この遠賀川寄りの分流地点付近の田畑に湿地化が生じたため、分流地点を上流の楠橋村寿命（じめ）に変更することになりました。文化元（1804）年2月に工事を始めて、同年6月に寿命の唐戸を完成させました。そして、堀川を笹尾川と合流させました。この唐戸は川の両岸に石の樋を立てて天井石を渡し、その上に上屋を設け、堰の板戸を石の樋にはめて上下させる構造になっています。寿命唐戸のそばには閘開削記念碑が建てられ（こう）

（左上から時計回りに）
間開削記念碑／彦六土手
／彦六塚／廣旗八幡宮境
内に建つ伊藤彦六の頌徳
碑／小林藤次郎の顕彰碑

ています。

　寿命の地名については、廣旗八幡宮で飼っていた神馬が死んだ時にこの地に埋めたことから、神馬が寿命になったといわれています。

　唐戸から南、遠賀川の土手近くに、小林藤次郎の巨大な石碑が建てられています。これは唐戸番を務めた小林藤次郎に対して、川ひらた組合が感謝して建てたものです。

　唐戸から北側、笹尾川公園グラウンドへ行く途中の農道脇に彦六塚があります。楠橋は低地であるため、雨が降ると、笹尾川の水が田に流入して百姓たちは困っていました。そこで楠橋村庄屋の伊藤彦六が川沿いに土手を築いたところ、水害はなくなりました。この土手は彦六土手と呼ばれ、人々は感謝の気持ちをこめて塚を造りました。また、廣旗八幡宮には伊藤彦六の頌徳碑が建っています。

16 野外博物館のような木屋瀬宿

木屋瀬は中世までには遠賀川を利用した津として成立し、江戸時代になると黒崎と同様に筑前六宿のひとつとして整備されました。宿場の出入口は、石組みの上に白壁を築き、瓦の屋根をつけた構口で宿外と区切っています。東と西の構口の間は、途中で鋭角に曲がっているものの一本道で、その距離857mです。宿場内には、「矢止め」と呼ばれるノコギリ歯状に建てられた家々が残り、また住民も積極的に歴史的景観の保存活動を行

い、街全体が博物館といわれるようになっています。

西の構口は石組みの一部が残っており、市の文化財に指定されています。ここを出た所に元文3（1738）年に建てられた追分道標「従是右赤間道　左飯塚道」のレプリカが建っています。実物は交通事故で破損したため、長崎街道木屋瀬宿記念館内に展示されています。

西の構口に近い改盛町の高崎家住宅は、天保6（1835）年に向かいにあった本家・⊠の7代目・四郎八が長男に家督を譲り分家して建てたもので、市の指定文化財となっています。絞蝋業であったといいますが、5代目の子孫にあたる英雄（伊馬春部）は、昭和の時代に放送作家・歌人として名声を得た人です。

愛宕山護国院（天台宗）は、明応2（1493）年に祀られた勝軍地蔵尊が本尊で、火除けの寺です。堂内には、嘉永5（1852）年にこの町の絵師・麻生東谷が奉納したといわれる絵馬がありましたが、現在は「いのちのたび博物館」に収蔵されています。板に木屋瀬宿を色絵で描いたもので、現在の街並みとほとんど変わりません。現在は市の指定文化財となっており、その複製が高崎家や木屋瀬宿記念館内に展示されています。

護国院の北隣の梅本家・今は、明治期の建物で茅葺きであったものを瓦葺きにしています。本業の醤油醸造の他に、藩から川ひらたを24艘預かり、貢米を輪

上：「矢止め」と呼ばれる、ノコギリ歯状の家並み（1970年代）。敵が攻めてきた際、くぼみに隠れて攻撃するための構造
下：石組みの一部が残る西構口跡

左上：追分道標（1970
年代）。現在はレプリ
カが建つ／右上：高崎
家住宅／左下：高崎家
住宅の表の間から座敷
を望む

左：梅本家住宅
右：（上から）梅本家住宅の土間から
　２階を見上げる／長徳寺山門／護国院

　送する船庄屋でもありました。町を横切
る道は、大正6（1917）年に植木（直
方市）との間に架けられた中島橋に続き
ます。
　嘉禎元（1235）年に浄土宗寺院とな
った長徳寺は、山門と鐘楼が19世紀前期
に造られ、慶応2（1866）年、第2次
長州戦争の時に佐賀藩の宿舎となります。

左：須賀神社／右：「板絵著色木屋瀬宿図絵馬」の模写図
（須賀神社蔵）。護国院に奉納するために作成されたため、
その周辺が大きく丁寧に描かれている
下：問屋場跡（手前）から続く八軒屋

山門の刀傷は、その折のものと伝えられています。

　寺の裏は、江戸時代の祇園社の鳥居を残す須賀神社で、参籠殿（さんろうでん）には大正7年に堀尾水田が麻生東谷の木屋瀬宿図絵馬を模写し奉納しています。

　問屋場（といやば）は、長崎屋、薩摩屋の2軒の町茶屋と福岡藩主・黒田家別邸の御茶屋の前にあり、交通・通信の役割（人馬継所（じんばつぎしょ））を担っていました。今も屋敷内に飛脚井戸があるそうです。明治3（1870）年に御茶屋は解体され、門のひとつが曹洞宗永源寺に移されました。裏門の軒丸瓦の藤巴（ふじどもえ）（黒田家の家紋）がその名残

です。この寺は木屋瀬の山手の金剛から大永3（1523）年に移されました。本尊の聖観音立像は鎌倉時代の作で、市の指定文化財となっています。

　扇天満宮は、かつて久保崎天神と呼ばれていました。応仁の乱後の明応7（1498）年にこの地を訪れた宗祇は、天神から扇をもらう夢を見ました。これが太宰府で現実となったために扇天満宮と改称したという、国学者・伊藤常足の碑文があります。

　西元寺は、天正10（1582）年に本尊を賜ったといわれています。山門は安永7（1778）年建立で、本堂は樹齢200年

左上：永源寺に移された御茶屋の門（裏門）／左下：扇天満宮／
右上：永源寺山門（表）／右下：西元寺のコンクリート製梵鐘

を超す能登のヒバの白木を使い、平成25
（2013）年に再建されました。境内には、
第2次世界大戦中に梵鐘を拠出した記念
として、コンクリート製の梵鐘が置かれ
ています。

　木屋瀬は語り尽くせないほどの歴史が
詰まった散歩道です。

長泉寺。右の山門の４柱は、鷹取山城から移築した当時のものといわれる

🗾 山城の門が残る野面

　龍頭山長泉寺は浄土真宗本願寺派で、『筑前国続風土記拾遺』には次のように記されています。「感田村（現直方市）浄福寺の末寺なり。本尊の阿弥陀如来は穂波郡馬敷村（現飯塚市）の長学寺の本尊なりしか、故ありて当寺にあり」。また、寺名については次のように伝えられています。昔、山浦池に大龍がいて、村人を悩ませていました。退治した後にその大龍の供養をしたところ村は平穏になり、大干魃になった時でもこの池の水は枯れずに野面の田畑を潤しました。永代に長く泉の如く湧き出ずる、ということから長泉寺と称されるようになりました。

　この寺の山門は、母里太兵衛友信が一時期城主を務めた鷹取山城（筑前六端城のひとつ）の門を移築したものと伝えられています。屋根部分は後世に修復されたものですが、４柱は移築時のままのものといわれています。粗削りのどっしりとした造りで当時の様相を偲ばせます。

　寺から東側、八幡インター横に八所神社があります。

　伝承では、平安時代の斉衡２（855）年に郷督・古賀四郎左衛門がご神託により日隈の丘に八所大権現を創立し、嫡男・源太丸を社職としたとされます。その後、元応２（1320）年に、畑城主の香月兵部少輔則盛によって現在の泉山に移されたということです。現在の社殿は、昭和50（1975）年に焼失した後に建て直したものです。社殿西側には、古墳時代の横穴墓群が残っています。

　野面公民館近くにある野面古墳は、現在、羨道が削られた状態で、石室の中にお地蔵様が祀られています。この石室はもともと長さ10mほどあったとされ、中からヒスイ製勾玉や滑石製紡錘車、須恵器などが出土したとされますが、現在行方不明です。石室は現在でも右袖石が残っていますが、畿内系の片袖式の横穴式石室です。玄室の長さ3.75m、幅2.25m、高さ2.5mと大型の石室で、下部の腰石は直立し、その上の壁は内面に傾斜する、

八所神社。右は社殿西側の横穴墓

野面古墳。左上は玄室内に祀られた地蔵。
左下は玄室奥から入口方向を写したもの
（階段は後世に造られたもの）

畿内明日香村にある岩屋山式石室と呼ばれるもので、被葬者はヤマト王権と密接な関係を持った豪族だと推定されます。説明版には6世紀後半頃と書かれていますが、石室の形態から7世紀前半〜中頃と推定できます。単独墳とされていますが、この上の山には古墳と思しき残骸や盛土が数基見られ、総数10基前後の古墳群中の1基と考えられます。

　古墳から南西側住宅地の壁に、「野面校之跡」碑が埋め込まれています。野面校は、明治6（1873）年に現在の木屋瀬小学校の前身として、この場所に開校しました。この野面校では野面村、笹田村、金剛村の子供たちが学んでいました。翌明治7年に木屋瀬校が開校し、明治27年に木屋瀬校と野面校が合併して木屋瀬尋常小学校となりました。

「野面校之跡」碑

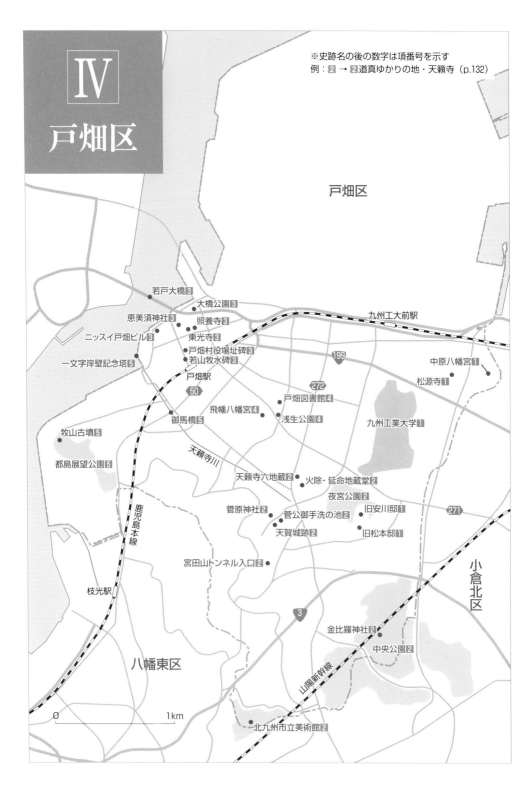

IV

戸畑区

戸畑区

※史跡名の後の数字は項番号を示す
例：2 → 2 道真ゆかりの地・天籟寺（p.132）

若戸大橋 3
大橋公園 3
恵美須神社 3　照養寺 3
ニッスイ戸畑ビル 3　東光寺 3
戸畑村役場址碑 3
一文字岸壁記念塔 5　若山牧水碑 3
戸畑駅
50
牧山古墳 5
御馬橋 5
都島展望公園 5
飛幡八幡宮 4
天籟寺川
天籟寺六地蔵 2
菅原神社 2
天賀城跡 2
宮田山トンネル入口 2

九州工大前駅
199
中原八幡宮 1
松源寺 1
戸畑図書館 4
272
浅生公園 4
九州工業大学 1
火除・延命地蔵堂 2
夜宮公園 2
菅公御手洗の池 2　旧安川邸 1
旧松本邸 1
271

鹿児島本線

枝光駅

八幡東区

3

金比羅神社 2
中央公園 2

小倉北区

山陽新幹線

0　　　　　1km

北九州市立美術館 2

1 旧松本邸（現西日本工業倶楽部）／**2** 御馬橋親柱の馬の像／**3** 天籟寺六地蔵／**4** 若戸大橋／**5** 菅公御手洗の池

■ 中原に「教育ユートピア」を作った安川家

　中原の地名は現在九州工大前駅周辺にのみ残されていますが、明治22（1889）年に戸畑村と合併する以前の中原村は、藩政時代に植えられた松並木が続く美しい海岸から、屋敷林に囲まれた農家が点在する農村部を経て、現在の一枝、金比羅山にまで及ぶ広大な村域を占めていました。

　小倉から唐津へと続く唐津街道が村内を横切り、常盤橋から1里の場所に戸畑一里塚が設けられました。

　明治45年に九州電気軌道の小倉大門から戸畑渡場までをつなぐ戸畑線が開通してから、花見の名所・皆好園や中原海水浴場を目指してたくさんの行楽客が訪れるようになりました。海水浴場のポスターは旧5市の停留所に加えて遠く直方、飯塚まで配布されています。北九州随一の人気を誇った海水浴場でしたが、八幡製鐵所の埋立地として姿を消してしまい

ました。

　西鉄が九州電気軌道から引き継いだ戸畑線は、八幡製鐵所への通勤や生活の足として市民に長く親しまれました。しかし、新日鉄（現日本製鉄）の人員削減に伴う乗降客の減少により昭和60（1985）年に廃止され、跡地の車道4車線化が進められています。

　豊前国との国境、境川を見下ろす小高い丘の上に建つ中原八幡宮は、天正7（1579）年に枝光八幡宮より勧請されたと伝えられます。境内には孝子森惣一之碑が建っています。福岡藩の鬼門封じの祠を祀る陰陽師の家に生まれた惣一は、元禄11（1698）年に父母への孝行が認

左：昭和初期の中原海水浴場（戸畑区役所蔵）
右：中原海水浴場の宣伝ポスター（戸畑区役所蔵）

中原八幡宮。左上の孝子森惣一之碑は当初明治
専門学校（現九州工業大学）前にあったが、中
原八幡宮境内に移された。左下は雨乞石

められ福岡藩4代藩主・黒田綱政から新田3反を与えられました。石碑はその功績を讃えるため明治30年に建立されました。境内に安置された雨乞石は、日照りの折に中原先の浜に運び、何度も水中に投じて雨乞いを行ったと伝えられています。中原八幡宮は戸畑祇園中原大山笠の宿所でもあります。

松源寺は古くは観世音菩薩を本尊とした仏堂で松源庵とも呼ばれ、一時寺小屋としても使われました。

明治38年、炭鉱王と呼ばれた安川敬一郎は、第1次世界大戦の特需による利益と鉄道株の売却益を用いて、かねてからの念願であった学校（明治専門学校、現九州工業大学）を設立するべく動き出し

ます。いくつかの候補地から戸畑中原の地を選定し、約10万坪の原野を買収しました。設計を依頼された日本近代建築の父・辰野金吾は「余りに其の広漠たるため限りある用地にての設計に比し稍其位置の選択に迷う」と語っています。戸畑港から専用トロッコを敷設して資材を運び、校舎と職員官舎に加えて水道やガス、発電所や郵便局まで整備し、あたかも新しい町を作るかのようでした。

鉱滓煉瓦ブロックと鉄製門扉の正門と、辰野片岡設計事務所の設計で唯一現存する守衛所は、九州工業大学の前身である

松源寺

九州工業大学校内
（上段）左：正門守衛所／右：正門
（中段）左：明治専門学校の設立に尽力した安川
敬一郎・松本健次郎・山川健次郎・的場中の胸像
／右：旧明治専門学校標本資料室（現学生支援プ
ラザ）
（下段）清家清設計の鳳龍会館（左）と記念講堂

明治専門学校の創建当初から残る貴重な
遺構です。屋外展示された往時の工作機
械群と併せて、近代化産業遺産に指定さ
れています。正門から中に進むと、明治
専門学校設立に尽力した安川敬一郎と松
本健次郎、山川健次郎、的場中の胸像
（四先生像）が迎えてくれます。「違いが
わかる男」のCMで有名な清家 清設計
の記念講堂と鳳龍会館を左右に見てから、
その奥に建つ中村記念館内を覗くと、竜
巻の世界的権威である藤田哲也博士を顕

彰する藤田ギャラリーが設けられていま
す。旧標本資料室（昭和2年築）内の明
専アーカイブには、明治専門学校創立以
来の資料が展示されており、建学当時の
風景を偲ぶことができます（校内見学に

右：旧松本邸（現西日本工業倶楽部）。現在は結婚式などの会場としても利用されている
左下：旧安川邸の大座敷棟。明治45年に若松の旧宅から移築したもの
右下：旧安川邸洋館棟。一時は解体の方針だったが、市民や有識者の声により保存が決まった

関しては九州工業大学にお問い合わせ下さい）。

　明治専門学校に隣接して、安川敬一郎の次男・松本健次郎の自宅兼迎賓館として建てられた旧松本邸（現西日本工業倶楽部）は、日本唯一のアールヌーボー様式の邸宅であり、洋館と日本館が、ほぼ当時のまま残された大変貴重な建物です。辰野金吾による設計で、国の重要文化財に指定されています。

　旧安川邸は、当初辰野設計の大規模な洋館として計画されましたが、洋館を敬遠した安川敬一郎の意向で若松から一部移築した和館主体の邸宅に変更されました。日本に亡命していた孫文が安川邸に滞在した時期もあり、大座敷棟で撮影した写真が残されています。また、大座敷棟と蔵2棟は、一般公開に向けて修復が進められています。大正15（1926）年着工の旧安川邸洋館棟は、敬一郎の隠居所として建てられ、全館スチーム暖房の当時最先端の邸宅です。当面は修景遺産として保存され、内部の見学ができません。北九州近代化の父とも言える敬一郎が晩年を過ごした貴重な遺構であり、内部の整備・公開が望まれます。平成30（2018）年8月、大座敷棟、蔵2棟、洋館棟は北九州市の文化財に指定されました。

　これら、明治専門学校から安川・松本家住宅まで含めて「ユートピア明専村」ともいわれています。

天籟寺六地蔵

2 道真ゆかりの地・天籟寺

火除・延命地蔵堂

　天籟寺のバス停を降りると、目の前に天籟寺六地蔵が鎮座しています。戦国時代末期、大友氏により攻め落とされたと伝えられる天賀城の姫と腰元たちの鎮魂のため、天明8（1788）年に地元の方が建立しました。子供の病にご利益があり、「おしろい地蔵」とも呼ばれています。

　天籟寺集落の奥まった場所に建つ火除・延命地蔵堂は、伝承によると正嘉年間（1257〜59）の創設です。毎年8月24日に市指定無形民俗文化財の天籟寺盆踊りが初盆供養として行われています。

菅原神社。左の蹄石にある穴は牛の蹄の
跡と伝えられている

左：菅公御手洗の池。菅原道真が天籟寺に泊まった折に、
この池で手足を洗ったと伝えられる／右：天賀城跡の碑

　天籟寺川を渡り、急坂を上った先の菅
原神社は菅原道真と須佐之男命（須賀
大神）、高靇神、大山積命を祭神とし
て祀っています。創建された時期は不明
ですが、大宰府に道真の廟が建てられた
折に勧請されたといわれています。境内
には丑年生まれの道真に因んで牛の像と
蹄石が置かれています。

　道を隔てた露地奥の菅公御手洗の池か
ら汲んだ水で墨を磨ると習字が上達する
と伝えられ、ここのヒルは道真の命によ
り人の血を吸わないとされています。

　御手洗いの池から石段でつながる菅原
公園は、天賀次郎三郎家行の天賀城があ
った場所とされ、天正9（1581）年落
城の物語が語り継がれてきました。近年
の研究では、戸畑の中島に宅所を構えて
いた小田村氏滅亡の史実が、長い年月の
間に変容したという説が唱えられていま
す。

　夜宮公園は、元は広大な安川家の所有
地で、「安川の森」と呼ばれていました。
現在は梅や桜、花菖蒲など、四季折々の
花を楽しめる市民の憩いの場となってい
ます。

　夜宮公園前の道沿いに、教職の傍ら現
代俳句誌『天籟通信』代表として活躍し
た穴井太の句碑「夕空の雲のお化けへ

夜宮公園の万葉歌碑（左）と戦没者慰霊塔

花いちもんめ」が据えられています。ヒトツバタゴの並木道は穴井の発案で「なんじゃもんじゃ通り」と名づけられ、4月下旬から5月上旬に雪のように白い花を咲かせて道行く人を楽しませています。

園内の一角に国文学者・尾上柴舟が昭和11（1936）年に揮毫した万葉歌碑があり、「ほととぎす戸畑の浦に敷く波のしばしばきみをみるよしもかも」（『万葉集』12巻、作者不詳）と刻まれています。芝生広場中央の慰霊塔は、西南の役以来の旧戸畑市出身の戦没者を追悼するため昭和34年に建てられました。

ビオトープとして再生した巡り坂池近くの夜宮の大珪化木は、昭和15年に発見され、昭和32年に国の天然記念物に指定された日本最大級の珪化木です。

高見方面に向かうと、頭上をくろがね線が横切ります。橋脚の基礎は製鉄過程で生成される鉱滓煉瓦で造られています。宮田山トンネルの戸畑側入口は、沼田尚徳技師による城壁のような美しい意匠で飾られています。

鞘ヶ谷は刀の鞘に似た地形から名づけられました。大正4（1915）年に久原製鉄所の敷地として買い上げられ、東洋製鉄の所有を経て昭和9年に八幡製鐵所が取得しました。以来鞘ヶ谷は製鉄社宅や寮、購買所（鉄ビルストア、現スピナマート）を中心として街並みが整備されました。鞘ヶ谷ホタル公園では山陽新幹

宮田山トンネルの戸畑側入口。
古代ローマの城壁のような意匠

上：戸畑・小倉北・八幡東の3区にまた
がる広大な中央公園／左下：金比羅山山
頂の金比羅神社／右下：磯崎新氏設計の
北九州市立美術館

線トンネルの湧水を活用したせせらぎで
ホタルを育てており、毎年ホタル祭りが
開かれています。

　丘陵に建つ北九州市立美術館は昭和49
年に竣工し、特異な形態から「丘の上の
双眼鏡」とも呼ばれています。建築界の
ノーベル賞と呼ばれるプリッカー賞を受
賞した磯崎 新 氏の設計です。

　戸畑区・小倉北区・八幡東区の境界上
に聳える金比羅山山頂の金比羅神社は、

元文3（1738）年、鞘ヶ谷在住の久保
氏が讃岐国金比羅大神を勧請したもので
す。

　北九州市発足当初、市役所の建設予定
地だった一帯は中央公園として整備され、
ランニングやウォーキングといったレク
リエーション、花見の名所として親しま
れています。

左上：若山牧水碑
右上：「戸畑村役場址」碑
左下：昭和初期の戸畑市役所（戸畑区役所蔵）。戸畑村は明治22年に中原村と合併、明治32年に戸畑町、大正13年に戸畑市となる。写真の建物は増築して昭和8年まで使用された

3 東洋一といわれた深紅の吊橋

　戸畑駅改札から南北連絡地下道をくぐり北口へ向かいます。駅前緑地に建つ若山牧水碑には当地の歌人・毛利雨一樓宅を訪れた折に詠んだ歌「われみたび此処に来たりつ家のあるじ侘び定まりて静かなるかも」が刻まれています。

　渡し場へ向かう道沿い、現在戸畑消防団第1分団が建つ場所は、昭和9（1934）年に移転するまで戸畑市役所（旧戸畑村役場・町役場）がありました。小さな石碑のみが往時の歴史を知らせています。

　さらに進むと恵美須神社があり、隣接する鳥旗公園に福岡藩13代当主・黒田長成の書による御乗船地碑が建っています。

　これは、明治33（1900）年10月、当時の皇太子殿下（後の大正天皇）が、中原で行われた小倉第12師団の演習をご覧の後、建設中の製鐵所を視察するため、この地から当時最新鋭の電気ボートに乗船されたことを記念して建てられた碑です。往時はここが海岸線で、若松などへの船着場でもありました。

　恵美須神社横の道が唐津街道で、その道を東へ進むと、中の島城主・竹内治部が剃髪し、永正12（1515）年に開基したといわれる照養寺があります。明治7年に開校した戸畑尋常小学校の校舎は、明治9〜23年までこの寺の門付近にあっ

左上：恵美須神社。戸畑祇園西大山笠の宿（祭り期間中の拠点）となっている／右上：御乗船地碑／左下：照養寺。境内に戸畑尋常小学校の記念碑がある／右下：東光寺

たため、その記念碑が境内にあります。

中の島は若戸大橋の戸畑側橋台付近にありましたが、昭和14年に洞海湾を出入する船舶の大型化に伴う航路拡大のため切除され、消滅しました。島は周囲450mで、慶長5（1600）年、黒田長政の時代に六端城のひとつとして改築された中の島城があり、家臣・三宅若狭が城主を務めましたが、一国一城令（慶長20年）により廃城となりました。

照養寺の並びに建つ東光寺は臨済宗大徳寺派の禅宗寺院です。言い伝えによれば、中の島城主・森氏の菩提寺として川代に建立され、往時は七堂伽藍も揃った巨刹で大いに賑わいましたが、大友氏の手により焼失したとされます。明治17年時点まで残存した礎石の間隔は12間四面

（約22m四方）もあったと伝えられ、大規模な建築物の存在を裏付けています。

「戸畑鳥簾市道改良工事図」（明治34年施工）を見ると、旧戸畑市役所を含む一帯が幅3尺の堀跡で囲まれていたことがわかります。およそ8000坪のこの地は、堀の内と呼ばれ、竹内治部関係の邸跡との伝承が残されています。あるいは、永禄12（1569）年10月9日、大友氏に攻められた鳥羽田村（戸畑）の小田村備前守宅所跡の可能性もあります。東光寺、照養寺ともに幾度かの火災で古文書類を失い、確たる証拠はありませんが、中世の戸畑の海岸には商家が軒を並べ、諸国からの商船が立ち寄り繁華を極めていたという言い伝えもあり、今後の発掘次第では新たな中世の戸畑の情景が見えてく

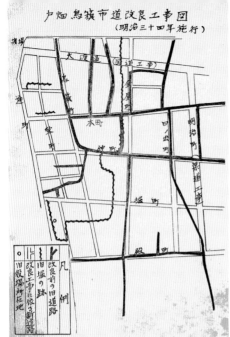

るかもしれません。

　元の道に戻ると、正面に若戸大橋が
聳えています。昭和37年、5市合併の
前年に開通し、当時は東洋一の吊り橋
と呼ばれました。開通前夜祭では戸畑
祇園大山笠が橋上を運行し、橋下では
若戸博覧会が開催されています。森繁
久彌主演の映画「社長漫遊記」では、
海上パレードや航空ショーといった開
通式セレモニーの華やかな様子を見る
ことができます。

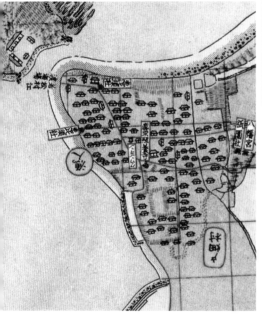

上：若戸大橋と若戸渡船
（「写真AC」より）
左：ニッスイ戸畑ビル。ビル内にあるニッスイパイオニア館は平成23年、日本水産の創業100周年を機に開設されたもの

　若戸博跡地は大橋公園として整備され、若戸大橋建設に貢献した大野伴睦の「渡り初め　若戸大橋　爽やかに」碑と中野素昂（そこう）作のブロンズ像「大気」が建っています。若戸大橋開通と同時に若戸渡船廃止が検討されましたが、市民からの反対の声を受けて存続が決まり、通勤通学の足として今も変わらず親しまれています。

　若戸渡船の船上から戸畑側を眺めた時に一際威容を放つニッスイ戸畑ビルは、昭和11年に竹中工務店の施工で建設されました。ニッスイは明治44年、下関に田村汽船漁業部として創業、その後洞海湾埋立とともに臨港鉄道の整備が進められ

ていた戸畑の一文字（いちもんじ）海岸へ昭和4年に移転、トロール船の拠点として製氷、冷蔵・冷凍、加工、流通、販売の機能を備える水産物供給拠点機能が整備されました。ビルの屋上には、世界の海で漁業を展開するトロール船との連絡用に日本初の漁業無線アンテナが設置されています。ビルとその周辺の景観は、平成21（2009）年度に北九州市都市景観賞を受賞しました。200海里規制により1990年代には漁業基地としての役割を終え、館内には水産業を通して日本の発展に尽力したニッスイの歴史を展示する「ニッスイパイオニア館」が設置されています。

浅生公園。この公園の
周辺で戸畑祇園大山笠
のハイライト「大山笠
競演会」が行われる。
右は園内に立つ舟越保
武作のシオン像

④ 戸畑祇園の競演会場・浅生周辺

　戸畑区の中心地にある浅生公園は、昭和40（1965）年頃には北九州市庁舎、戸畑文化ホール、戸畑図書館、浅生八幡神社に囲まれた公園でした。公園から洞海湾に続く道沿いには高い建築物もなかったため、若戸大橋の主塔もよく見えていました。平成に入ると「戸畑まちづくり構想」により公園は整備され、噴水のあった場所は緑の芝に変わっています。シオン像（舟越保武作）の横に立つ椰子の木を見上げると、ぬいぐるみのゴリラが掴まっていましたが、いつの間にかいなくなりました。

　現在の浅生公園の北側に建つ戸畑図書館は、昭和8年に戸畑市役所として建設された帝冠様式の建築物（福岡県営繕課設計）で、5市合併以降は北九州市庁舎、戸畑区役所、戸畑図書館として利用されてきました。入口横には江戸時代に境川に建てられていた国境石が移転保存され、図書館西側には荒生田から峠を越えて戸畑を訪れた若山牧水の歌碑が建っています。館内の郷土資料のコーナーには牧山古墳群から出土した蟠螭紋鏡の複製品が展示されています。この蟠螭紋鏡は白銅製の仿製鏡（日本製）です。後

左：戸畑図書館／右上：図書館入口横にある国境石
／右下：図書館西側にある若山牧水の歌碑

140

飛幡八幡宮。左は境内に立つ千曳の岩、下は神饌蕎麦
耕作地碑。江戸時代、戸畑では蕎麦の栽培が盛んで、
御用蕎麦として福岡藩にも上納されていた

漢鏡を模倣して造られたものといわれ、銘文として君・宣・高・官が配置されており、この時代に有力な一族が居住していたと想像されます。館内には戸畑町出身で戦後の詩人、仏文学者である宗左近の記念室も設置されています。

浅生公園の南東に位置する千防遺跡の発掘調査が平成18（2006）年に実施され、6世紀末〜7世紀初頭の竪穴式住居跡などの遺構が発見されました。出土遺物の中で特筆されるものは、大量に出土した薄手椀形の製塩土器です。本遺跡は、海岸から遠く離れた標高15mの丘陵上に立地していることから、海水を採り、濃い塩水を作る作業（鹹水）は海岸近くで行い、その後の鹹水を煮つめて塩の結晶を作る作業（煎熬）は薪が豊富にある丘陵地であったこの場所で行っていたのではないかと考えられています。

公園の西側には戸畑・中原両村の産土神・飛幡八幡宮（旧浅生八幡神社）があり、拝殿横に「霊厳」と刻まれた千曳の岩が鎮座しています。『日本書紀』仲哀天皇紀に、穴門豊浦宮（下関市長府付近）から筑紫方面への海路の入口として「名籠屋大済を西門とし」と書かれてい

る戸畑区の名護屋（現在は日本製鉄の構内）に突出した岬があり、千曳の岩と呼ばれ、海中の難所として立ちはだかっていました。仲哀天皇は、自らこの岩を明神として崇めて祭祀を行いました。その後、猿田彦を祀る名護屋神社が建立されていましたが、岬の埋め立てに伴い、神社は飛幡八幡宮に合祀され、岩の一部は境内に祀られています。拝殿を通り過ぎ奥に向かうと、神饌蕎麦耕作地の碑があり、戸畑で蕎麦栽培が盛んであったことが記されています。

7月、暑さ厳しい最中、神殿で戸畑祇園大山笠行事の神事が終わると、幟山笠は囃子に乗って参道へ降り、勢いをつけて八幡宮を後にします。日が暮れ始めると、幟を提灯に姿変えした山笠が浅生公園の周りを勇壮に駆け巡ります。

5 中世の牧場に由来する牧山

　天籟寺川沿いの汐井町信号機から牧山新町へ渡った所にある大光炉材構内には八幡神の祠が祀られています。飛幡八幡宮宮司によると、天正7（1579）年に枝光から八幡神を戸畑汐井崎に勧請して以来の由緒があるお社だそうです。後に鳥旗（現在の元宮）に社殿を建立して分祀し、大正9（1920）年10月、現在地の浅生に遷宮しました。

　天籟寺川に架かる御馬橋は、牧場から各地に送り出される馬が渡ったことに因むとされ、古くは寛政12（1800）年の掛け替えの記録が残されています。遠賀郡戸畑村は室町時代の中頃から寛文年間（1661〜73）まで御牧郡戸幡村と呼ばれており、良馬の産地として有名でした。

　寿永3（1184）年、木曽義仲追討の宇治川の戦いでは、源頼朝から名馬を与えられた2人の武将が先陣争いを繰り広げました。その2頭「いけずき」と「するすみ」は牧山の産と伝えられています。

　都島展望公園へ上る道の傍らに牧山古墳2基がひっそりと残されています。埋葬施設は単室の横穴式石室で、1号墳の玄室（死者を埋葬した部屋）は1.85mの正方形です。玄室の床からは死者が身につけていた丸玉、管玉、ガラス玉や耳環が、玄室入口からは鉄製の刀、矢鏃、墓の入口である羨道からは壺や皿などの須恵器が出土しています。2号墳の玄室は長さ1.8m、幅1.6mで、1号墳と同様、鉄製の刀や須恵器が副葬品として納められていました。天井の石はなくなってい

左上：天籟寺川に架かる御馬橋。親柱の上には馬のブロンズ像が飾られている（127頁の写真）
下：牧山古墳の1号墳（右）と2号墳（左）。戸畑区で唯一現存している古墳

右：都島展望公園からの展望。夜には夜景を観賞することもできる
下：若松水道碑

一文字岸壁記念塔。戸畑町は企業誘致策として一文字島から築地町（現在の銀座）の間、約7300坪の埋立地造成を若松築港会社に委託し、大正15年に竣工した。同年に灯台を模して造られた記念塔が今も残る

ます。どちらも古墳時代後期（6～7世紀）に造られたと思われる円墳で、最初に発見された時には30基の墳墓が存在しました。明治30～40年代の鉄道や工場の建設、若松市水道戸畑牧山浄水池築造の際に大部分が撤去され、姿を消してしまいました。明治45（1912）年の牧山浄水池完成を記念して建てられた若松水道碑は牧山古墳の天井石を使って造られたといわれています。

若戸大橋開通に併せて設けられた都島展望公園の展望広場からは、奥洞海から若松、若戸大橋に至る洞海湾の素晴らしい景色を一望することができます。ここは映画「釣りバカ日誌10」のロケ地にもなりました。

石炭積み出しが盛んだった当時の写真と見比べながら、古代から近代にかけて変貌を遂げた洞海湾の歴史に思いを馳せてみてはいかがでしょうか。

参考文献一覧

『製鐵所作業開始式』門司新報、1901年

石井鉄太郎『戸畑大観』戸畑新聞社、1923年

『八幡市史』八幡市役所、1936年

『若松市史』若松市役所、1937年

『戸畑市史』戸畑市役所、1939年

原田準吾『我等の枝光』1942年

『八幡製鐵所五十年誌』八幡製鐵所、1950年

越水武夫編『戸畑郷土誌』1、街頭新聞社、1958年

越水武夫編『戸畑郷土誌』2、街頭新聞社、1959年

『八幡市史』続編、八幡市役所、1959年

『若松市史』第2集、若松市役所、1959年

『増補改訂 遠賀郡誌』下巻、遠賀郡誌復刊刊行会、1962年

『郷土戸畑』6号、戸畑郷土研究会、1963年

『郷土八幡』創刊号、八幡郷土史会、1973年

『八幡製鐵所土木誌』新日本製鉄、1976年

下志津（高射学校）修親会『高射戦史』田中書店、1978年

親和会歴史の掘起の部編『島郷の史跡と伝説』北九州農業改良普及所、1979年

『郷土八幡』第2号、八幡郷土史会、1979年

『八幡製鐵所八十年史』新日本製鉄、1980年

『郷土戸畑』20号、戸畑郷土研究会、1980年

『郷土戸畑 特集「牧山」』戸畑郷土会、1983年

大隈岩雄『北九州の民話』第2集、小倉郷土会、1984年

岩崎数馬『ふるさと市瀬』1984年

親和会歴史の掘起の部編『続島郷の史跡と伝説』北九州農業改良普及所、1984年

『北九州の史跡探訪』北九州史跡同好会、1986年

『北九州市史 近代・現代 教育文化』北九州市、1986年

『北九州市史 近代・現代 行政社会』北九州市、1987年

『水に生きる 北九州市水道史』北九州上下水道協会、1989年

『北九州むかしばなし』第2集、北九州市、1989年

『北九州市史 近世』北九州市、1990年

『北九州の史跡探訪』北九州史跡同好会、1990年

『北九州市史 近代・現代 産業経済1』北九州市、1991年

『北九州市史 古代・中世』北九州市、1992年

廣崎篤夫『福岡県の城』海鳥社、1995年

『わが故郷八幡』北九州八幡信用金庫、1995年

『北九州市産業史』北九州市、1998年

八木田謙『北九州戦国史史料集』上巻、今井書店、2004年

北九州地域史研究会編『北九州の近代化遺産』弦書房、2005年

北九州市埋蔵文化財調査報告書第343集『小敷城跡』北九州市芸術文化振興財団埋蔵文化財調査室、2005年

『水をみがく 北九州水道百年史』北九州市水道局、2011年

『八幡鐵ものがたり』北九州イノベーションギャラリー、2015年

福岡県文化財調査報告書第250集『福岡県の中近世城館跡Ⅱ 筑前地域編2』福岡県教育委員会、2015年

北九州市文化財調査報告書第139集『黒崎城跡』北九州市教育委員会、2015年

有川宜博他編『岡田神社誌』岡田神社、2017年

北九州市埋蔵文化財調査報告書第552集『浅川城跡』北九州市芸術文化振興財団埋蔵文化財調査室、2016年

■執筆者一覧

前薗廣幸（監修）／尾﨑徹也／宇野愼敏／市原猛志／太田和則

山崎裕子／若宮幸一／竹内英雄／田中 徹／千々和昭雄

波多野直之／白石正子／谷矢満隆

若松再発見の会 ［四宮嵩世／乙坂 勝／山田泰治／舟津得弘／谷末要一］

特定非営利活動法人 北九州市の文化財を守る会 会員募集中

　北九州市の文化財を守る会は、昭和46年１月、「文化財愛護のため市民運動の新しい原点となる」ことを目指して会員150名で発足しました。

　本会では発足以来、文化財に関する保存・保護を活動の根幹として、調査研究、会報発行、歴史講演会、バスハイクなどを行ってきました。この間、「東田第一高炉（1901）の保存」、「堀川周辺の環境改善」、「旧安川邸（洋館）の保存」などの要請及び要望を福岡県や北九州市に行い、平成７年には東田第一高炉の保存運動について産業考古学会から功労者表彰を受賞しています。

　また、文化庁は平成23年に文化遺産を未来に生かすため、特定非営利活動法人などによる文化財の管理・活用の方向性を示しました。本会は平成29年３月に「特定非営利活動法人」の認証を受け法人登録を行い、平成31年４月から北九州市指定文化財の旧百三十銀行ギャラリーの指定管理を行っています。

　私たちと一緒に街を探求し、北九州市の魅力を発信しませんか。

　［事務局］　住所　北九州市小倉北区鍛冶町１丁目７番２号　森鷗外旧居内
　　　　　　　電話・FAX　093（531）1604
　　　　　　　会費　個人 3,000円／年
　　　　　　　　　　団体 4,000円／年

きたきゅうしゅうれきし さん ぽ ちくぜん へん
北九州歴史散歩 ［筑前編］
若松・八幡東・八幡西・戸畑区の50エリア

2020年12月５日　第１刷発行

編　者　特定非営利活動法人 北九州市の文化財を守る会

発行者　杉本雅子

発行所　有限会社 海鳥社
　　　　〒812-0023　福岡市博多区奈良屋町13番４号
　　　　電話092（272）0120　FAX092（272）0121
　　　　http://www.kaichosha-f.co.jp

印刷・製本　シナノ書籍印刷 株式会社

ISBN978-4-86656-091-5　［定価は表紙カバーに表示］

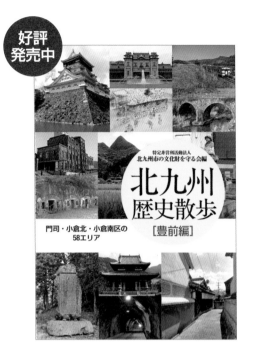

特定非営利活動法人
北九州市の文化財を守る会 編

北九州
歴史散歩
［豊前編］

門司・小倉北・小倉南区の
58エリア

北九州歴史散歩
［豊前編］
門司・小倉北・小倉南区の58エリア

小倉城や門司港駅などの名所から、
街角の小さなお堂まで
北九州市の旧豊前地区を58のエリアに分け、
その歴史と見所を一挙紹介！

定価（本体1800＋税）